制度结构与中国转型模式

周 冰 著

社会科学文献出版社
SOCIAL SCIENCES ACADEMIC PRESS (CHINA)

前　言

　　中国的改革是在缺乏理论指导的条件下，通过"摸着石头过河"，在实践中探索出了一条成功的经济体制转型路径，这对经济学理论构成了挑战。因为主流的经济学理论认为，经济体制是一个整体，具有统一的运行逻辑，要改革就必须全面整体地改，否则不如不改，因为局部改革会打乱体制运行的逻辑，造成混乱，效率反而不如改革之前的旧体制。这就是反对实行局部改革和主张"休克疗法"的理论和观念的逻辑基础。然而，中国通过局部改革的逐步推进不仅成功地实现了经济体制的转型，而且取得了骄人的经济增长业绩，如何解释中国经济体制转型的逻辑就成了转型经济研究中最重要的理论课题之一。

早期的研究者把中国的体制转型方式称为渐进式改革，与俄罗斯、东欧的激进式改革相对应；鉴于这一提法的缺陷，中国学者提出了双轨制和增量改革的概念；而后又有学者提出了边际改革的概念；笔者则提出一系列过渡性制度安排的逐步替代和平滑转型的概念。这些不同的概念和提法，虽然各有不同的侧重点，分别具有不同的观察视角和研究目标，但是都在一定程度上反映了中国经济体制转型的基本特征。事实上，所有这些不同的概念和提法都立足于经济体制是可分的和局部改革是可行的这两个假定前提之上，但是现有的转型经济理论并没有研究过这个问题。

制度演化范式的研究者虽然普遍赞成渐进式改革，但是并没有对主流经济学提出的这个问题做出回应。遵循凡勃仑和哈耶克传统的研究者的观念基础是有限理性和不确定性，以斯蒂格利茨为代表的信息经济学者则是从信息不充分的角度出发提出其改革的策略主张。事物的可分性是由其结构决定的，要认识经济体制的可分性就必须深入经济体制的内部结构，对其展开分析。但是新制度经济学的制度变迁理论——以诺斯最具代表性，主要研究的是宏观的经济体制变迁问题，这从《经济史中的结构与变迁》和《理解经济变迁过程》中可以看得非常清楚。但诺斯早期与戴维斯合作提出的分析制度变迁的理论框架却是针对单项制度安排如何变迁的问题，①对于作为整体的制度系统和构成其要素的单项制度安排之间的关系并没有明确区分。事实上，无论是老制度经济学，还是新制度经济学，抑或是演化经济学，都没有对经济体制究竟是否可分的问题做过正面回应。诚如马克思所言，"批判的武器当然不能代替武器的批判"，反之亦然。② 只有在对实践经验进行归纳和概括的同时对原有理论展开批判，才是真正意义上的理论进步。如果对经济体制是否可分，为什么可分，以及局部改革为什么可行这些学理层面的问题不能解答，那么关于中国体制

---

① Lance E. Davis & Douglass C. North, *Institutional Change and American Economic Growth*, Cambridge University Press, 1971.

② 马克思：《〈黑格尔法哲学批判〉导言》,《马克思恩格斯选集》第 1 卷，人民出版社，1972，第 9 页。

改革和转型的研究就还只是一种经验主义的解读，缺乏理论上的逻辑基础。基于这样的认识，本书专门对这一中国实践对主流经济学理论提出的挑战进行了研究。

青木昌彦等把"体制的内部结构以及构成这种结构的各种组合要素"[①] 作为经济体制的比较制度分析的研究对象，这给了我们重要的启示。本书就是以体制的制度结构为中心，分析经济体制的可分性和局部改革持续推进直至实现平滑转型的动力机制。

我们首先对改革和转型的对象——经济体制做出了明确的界定。给经济体制下定义的根据，并不是既有的理论，而是体制改革和转型的实践经验。笔者在考察体制概念开始流行的现实和理论背景、体制概念内涵的变化及其缺陷的基础上，提出了自己的定义，为分析体制内在的制度结构创造了理论前提。然后围绕体制的制度结构这个中心概念，提出了元制度、制度核、制度链和体制的功能模块等一系列概念，着重阐述了体制的逻辑统一性和局部可分性之间的关系，为回答局部渐进性改

---

① 青木昌彦、奥野正宽：《经济体制的比较制度分析》，魏加宁等译，中国发展出版社，1999，第 1 页。

革的可能性问题奠定了基础。体制转型的路径只能抽象
为自上而下和自下而上两种不同的基本方式。它们分别
有不同的改革逻辑，其决策者分别受到不同的社会历史
条件约束，遵循着不同的理念并持有不同的改革目标，
因此面对的改革风险也不相同。局部渐进的改革虽然避
免了宪法性秩序崩溃的风险，但是存在改革拖延、停滞、
中断和变性，从而使体制长期"带病"运转的风险。我
们着重对局部渐进的改革过程中，结构的变动和秩序维
护之间的矛盾关系问题进行了探讨。这就是通过一系列
过渡性制度安排的逐次替代来实现体制的平滑转型。过
渡性制度安排就是实现体制平滑转型的机制。它不仅减
缓了改革启动时的阻力，把转型变成了一个较为平缓的
过程，为新体制的形成提供了一个学习过程，更重要的
是它能够获得适应性效率从而为后续的改革提供动力。
适应性效率是平滑转型持续推进的动力源，实际的改革
过程是以边际循环式的路径推进的。过渡性制度安排包
含新旧两种不同的体制因素和矛盾的性质，因而具有动
态演化的性质，从而成为衔接两种体制的中介形态和转
型的过渡阶梯。但是过渡性制度安排是不稳定的，其适

应性效率边际递减，必须通过后续改革的及时推进才能阻止效率下降，并且进一步推动经济效率提高。因此，必须及时和持续不断地推进改革深化以最终实现体制的平滑转型。

如上所述，我们的研究思路清晰而简单。但是，这种逻辑上的清晰和理论上的简单是研究的结果，而不是研究的前提和出发点。在起点上，人们只能从可观察的现象和已有的理论，包括自己的研究已经取得的理论知识出发，而这些信息和知识并非简单清晰的，往往还是含混复杂的，甚至包含错误的认识。因此，理论的简单性虽然是理论研究的结果和所追求的目标，却不能作为假定前提和研究工作的出发点。因为现实是复杂、综合和混沌的，只有经过艰苦努力的脑力劳动，才能达到理论上的清晰和简单。若非如此，势必会在研究过程中削足适履，得出一些并不完全符合实际的所谓的"理论"结论来。

本书是笔者承担的国家社会科学基金项目的成果，出版时又做了适当的修改。我们在课题设计时的研究目标是，用经济学的理论和方法来研究中国的体制转型模式和发展模式之间的关系问题，分析两者相互作用的机制和形式，揭示背后的经济学原理，提出体制转型和发展一体的中国模式理论。当初的设想是以过渡性制度安排和适应性效率两个概念作为主要的分析工具，这也是在立项申请时以"过渡性制度安排与适应性效率——中国转型模式的政治经济学分析"为题目的原因。因此，我们在课题批准立项后，即开始将过渡性制度安排、适应性效率、经济体制效率评价等作为专题，在系统梳理文献资料的基础上进行了深入的理论探讨。在整个研究过程中，我们的思路和计划经过了几次修正、调整，并且两度申请延期，历时四年五个月才得以最终完成。本书的主体部分包括课题成果的四篇论文，阶段性成果中的三篇论文和笔者与商晨就本课题的理论研究方法进行讨论的通信则作为四个附录。

现在看来，我们的研究基本实现了预期的目标。所谓中国模式，是对具有中国特色的体制改革和转型方式与经济发展道路的理论概括，它既不同于早期资本主义的古典发展模式，也不同于俄罗斯、东欧的新自由主义转型模式。中国成功的最根本经验在于，没有放弃对社会主义制度进行改进和创新的一切可能探索。其最显著、最突出的特征，从转型的角度来看，是避免了苏联、东欧国家普遍出现的制度崩溃的突变过程，实现了从计划体制向市场体制的平滑转型；从发展的角度来看，是在体制不断改革和变化的过程中实现了持续的高速增长，可称为体制变革型经济增长。综合来说，两者的关系是，改革和转型为经济增长和发展创造条件，经济增长和发展为改革和转型提供动力，两者互相支撑、互为条件。这就是以务实的态度采取局部的渐进式改革，通过一系列过渡性制度安排的逐次替代，持续不断地获得适应性效率，在体制平滑转型的同时实现经济增长。本书揭示了中国体制平滑转型持续推进的动力机制，从经济学原理上总结了中国模式，成功地解答了中国实践对经济学理论提出的挑战，深化了转型经济学的理论研究。我们的研究为体制转型和发展统一的中国模式提供了理论基础，但是还没有对中国转型实践的特征性事实进行系统的梳理归纳，也没有对围绕着中国转型和发展实践展开的理论争论进行全面评价，还不是一个实证性的全面的中国模式理论。

　　这项研究在理论上是否能够成立，是否符合中国经济体制转型的实际，要由读者来评判，特别是要经过时间的检验。

周　冰

2014 年 12 月 8 日

目　录

第一篇　论体制概念及其与制度的区别

内容提要：经济体制概念的广泛流行是改革启动的需要。它是指一个社会经济体为了自身的存在和发展而实行的一整套组织、制度和机制的总和，是一个社会经济体的存在状态和形式。体制可以作为制度的集合概念，但它涵盖的范围大于制度，包含制度以外的组织、行为主体和机制等内容。严格区分体制与制度两个概念，是转型经济学发展的需要，能够为认识和分析体制的内部结构打开大门，也有利于制度变迁理论研究进一步深化。

关 键 词：体制　制度　概念界定　体制特征

转型经济学是以经济体制从一种模式转变为另一种模式的变化过程为研究对象的经济学分支，因此很自然地，经济体制或者说体制就是转型经济学的第一个也是最重要的一个概念。理解体制概念的关键是要把它和制度概念正确地区分开来。那么，究竟应当如何界定体制概念？体制和制度两个概念之间究竟是什么关系？这就是本篇所要探讨的问题。

一　体制概念提出的背景

体制一词的广泛使用和流行是与经济体制改革联系在一起的。它是中国人自己创造的一个术语，而不是从国外经济学引进、借鉴的概念。[①] 因为，改革首先需要解决改革自身的"合法性"问题。[②] 由于改革是对原有体制结构和秩序的重大调整，甚至是颠覆性改变，因此如果不能得到社会主流观念的认可和足够强大的支

[①] 例如，邓小平在1977年时就说："体制搞得合理，就可以调动积极性"；1978年又说："现在我国的经济管理体制权力过于集中，应该有计划地大胆下放"。见《邓小平文选》第二卷，人民出版社，1994，第54页，第145页。

[②] 周振华：《体制变革与经济增长——中国经验与范式分析》，上海三联书店、上海人民出版社，1999。

持，就会处于"非法"状态而无法启动。解决改革的"合法性"问题，就是为改革制造舆论和提供理论依据，这意味着要对原有的计划经济体制进行否定性的重新评价，从而形成一种有利于改革的舆论氛围。但是一般来说，改革决策者的统治地位就是原有体制结构和秩序的产物，如果改革真是一场彻底颠覆原有体制结构和秩序的革命，就必定会威胁到改革决策者自身统治的合法性。解决这一难题的关键在于，必须把改革的合法性和统治者执政的合法性区分开来。由于共产党的执政地位与社会主义制度联系在一起，因此必须把改革的对象和社会主义制度加以区分。因此，提出经济体制或者说体制这一概念的实质就是对改革的性质和对象范围做出界定。

体制一词，在中国古代文献中原指文学艺术作品的体裁和风格，① 中国在计划经济时代逐渐使用体制一词来表示国家机关和企事业单位机构设置和权限划分的制度，

---

① 例如，词的体制是指每首词都有表示音乐性的调名，叫词调。每个词调都是"调有定句，句有定字，字有定声"，各不相同。词可分别以字数、节拍、音乐性质三种不同的标准分为不同类型的体制。

当它用于经济领域后就产生了"经济体制"这一术语。人们最初把体制作为与制度或者说基本制度不同的概念，通常理解为制度的具体表现形式和管理制度。例如，《中国大百科全书》对经济体制的解释是，社会主义国家管理经济的制度、原则和方式等的总称，是社会主义生产关系的具体形式。[①] 这种解释充分反映出当时中国改革目标的局限性，即改革并不是要改变社会主义经济制度，因此改革在一开始就存在"底线"[②] 的限制。

由于中国的改革是"摸着石头过河"，"走一步，看一步"，改革的目标和边界范围并不是确定和清晰的，相应的，作为改革对象的体制也就是一个内涵和外延缺乏严格界定的概念。这虽然有利于减缓改革启动的阻力，但同时也为改革的较快推进和深入发展设置了障碍。在整个20世纪80年代，改革每前进一步都要经过姓"资"姓"社"的意识形态争论，一些反对改革的人虽然是屡败屡退，但也是屡退屡战、步步为营。因此，如何理解

---

① 周太和：《国民经济体制》，《中国大百科全书·经济学》第 I 卷，中国大百科全书出版社，1988，第 278～279 页。

② 佐牧：《论我国经济体制改革的"目标"和"底线"》，《经济研究》1990年第 1 期。

和界定体制概念，就不仅是学术上的咬文嚼字，而且是一个关系到改革性质和目标选择的重大实际问题。

二　体制概念的理论渊源及其局限

关于体制概念早期的这种理解是从何而来的呢？

尽管体制是一个新的概念，但是对其理解不可能脱离既有的思想理论环境。在改革启动时期，马克思主义几乎是唯一可用的理论资源，因此对这一概念的解释不可避免地要受到马克思主义经济学的深刻影响。

马克思是第一位以制度为研究对象的经济学家。马克思对经济制度的研究是在社会形态的概念下，对历史发展各阶段（主要是资本主义阶段）社会形态的分析中展开的。社会形态是从社会总体的宏观视角对社会的结构及其特征进行的概括，它表达的是人类发展各个不同历史阶段体制的总体特征。社会形态包含两个层次的系统结构：一是从整个社会系统来看的结构，是经济基础和上层建筑之间的关系；二是从经济系统来看的结构，是生产力、生产关系、生产方式三者之间的关系。这是一种系统—结构的分析方法。其中，经济基础是指整个经济系统（包括生产力、生产关系和生产方式三者），是连接社会形态和结构与经济形态和结构两个层次的中间环节。由于生产力与上层建筑的联系比较间接，生产关系和生产方式与上层建筑的关系更加直接和密切，因此，在实际分析应用中经济基础更多的是被理解为生产关系和生产方式。在现代流行的经济学语境中，马克思所指的生产力就是生产技术和知识，生产关系就是经济制度，生产方式是社会经济的组织。

但是在马克思的著作中，生产关系和制度两个概念是平行使用的。那么在马克思的概念系统中，制度与生产关系两者之间是什么关系呢？根据马克思对这两个词语的使用情况来理解，生产关系是指那些在社会生产过程中可以再生产出来的、不断重复的、稳定的经济关系，也就是经济主体之间的关系规范和行为规则，即我们今天所说的制度；而马克思所说的制度则是指以法律形式反映和表现出来的生产关系。因此我们推断马克思认为，生产关系是制度的经济内容，而制度是生产关系的法律规定。制度在马克思的著作中应当属于上层建筑的范畴。

生产方式作为社会经济的组织是指社会经济的分工和协调方式。例如，商品生产方式就是依靠市场交换把专业化生产联结起来的一种社会经济组织形式，资本主义生产方式就是建立在雇佣劳动基础上的商品经济。作为社会的经济组织形式，生产方式包含生产力和生产关系两个方面。生产力和生产关系相互矛盾又相互依存，两者各自的变化不仅会引起对方的变化，而且往往会首先引起经济组织和联系方式也就是生产方式的变化，并且会通过生产方式的变化作用于对立的另一方。因此，生产方式不仅是生产力和生产关系两者共存的载体，而且也是联系两者相互作用的中介。

　　马克思最主要的著作《资本论》重点研究了资本主义经济制度，但是马克思并没有把制度作为一个独立的对象单独进行研究，资本主义制度的性质是在对资本主义经济运动全过程的分析中揭示出来的。这在马克思对蒲鲁东关于所有权概念的批判中得到了充分的表达："要想把所有权作为一种独立的关系、一种特殊的范畴、一种抽象和永恒的观念来下定义，这只能是形而上学或法学的幻想。""给资产阶级的所有权下定义不外是把资产阶级生产的全部社会关系描述一番。"① 正因为如此，有学者认为，马克思的社会形态理论中的经济基础和上层建筑，生产力、生产关系和生产方式等概念都是抽象的哲学概念，并不是经济学进行理论分析的工具。② 更重要的是，马克思把资本主义和社会主义发展成了一对彼此对立的概念，马克思关于未来社会主义和共产主义的设想，完全是在与资本主义比较和对立的基础上提出来的，随着以后社会主义和资本主义这一对制度概念的高度意识形态化，在社会主义国家已经变得难以进行实证分析和探讨了。因此，改革的启动迫切需要一个与制度不同的新概念。

在体制概念形成的过程中，社会主义改革理论，特别是波兰经济学家布鲁斯的分权模式理论产生了直接的影响。布鲁斯在其名著《社会主义经济运行问题》(1970) 一书中，开篇就明确提出社会主义经济可以有不同的模式。③ 他从社会主义是商品经济这一论断出发，批

---

① 《马克思恩格斯选集》第 1 卷，人民出版社，1972，第 144 页。

② 张曙光：《制度·主体·行为——传统社会主义经济学反思》，中国财政经济出版社，1999，第 31 页。

③ 中译本的原文是"经济运行的图式"。见 F. 布鲁斯《社会主义经济运行问题》，周亮勋等译，中国社会科学出版社，1981，第 2 页。

判了排斥商品经济的斯大林模式，并以国家、企业、家庭三个层面的决策状态为尺度，把社会主义国家的经济运行体制划分为军事共产主义、集权、分权和市场社会主义四种模式。虽然在意识形态观念中社会主义制度是不可动摇和不可触碰的，但是布鲁斯告诉人们体现经济运行状态的模式是可以选择的，这给了当时的中国人以极大启发。尽管布鲁斯并没有直接使用体制这一术语，但是他提出了社会主义国家经济运行的不同模式，而体现为模式的经济运行状态和方式与作为社会主义的制度显然是不同的事物，这就在事实上区分了体制、模式和制度三个概念。

20 世纪 80 年代比较经济学在中国开始广泛传播，对人们关于改革对象的理解具有重要的启发作用，也直接影响着人们对体制概念的理解。可以说，经济体制作为一个独立的经济学范畴，是比较经济学的发展和对计划经济体制的改革共同作用的产物。比较经济学是随着社会主义和资本主义两种制度形成、对立而出现的一个经济学科，因此早期的研究都是在"主义"概念下以所有制为重点进行比较研究。20 世纪 60 年代以后，一方面，50 年代南斯拉夫实行自治制度拉开了社会主义国家改革大戏的序幕，社会主义国家的经济体制逐步突破了单一的斯大林模式；另一方面，资本主义国家由于凯恩斯主义的推行而日益脱离古典资本主义原始类型，社会主义和资本主义各自呈现多样化的变形。比较经济学的研究对象和方法出现了重大的转变，也就是把世界各国进行资源配置的各种类型的经济运行系统作为自己的研究对象，对"具有特殊的经济功能的组织安排"、[1] 决策机制、[2] 协调机制、[3] 决策的执行[4]等进行比较研究。正是在这样的理论背景下，经济体制普遍被理解为社会进行资源配置的经济运行系统，[5] 是"一个社会经济形态所采取的具体制度"，"是经济制度的

---

[1] 见 J. 库普曼和 J. 蒙台斯《论经济体制的描述与理论和方法的研究》，转引自张仁德主编《比较经济体制学》（修订版），陕西人民出版社，1988，第 15 页。

[2] E. 纽伯格、W. 达菲：《比较经济体制》，荣敬本等译，商务印书馆，1984，第 22 页。

[3] 科尔奈把经济运行中经常起作用的协调机制分为行政协调机制和市场协调机制两类，每一类协调机制又有两种具体形态。见刘国光等《经济体制改革和宏观经济管理》，《经济研究》1985 年第 12 期。

[4] A. 林德贝克：《新左派政治经济学》，张自庄、赵人伟译，商务印书馆，1980，第 130～132 页。

[5] 艾登姆把资源如何分配作为区分和比较各种经济体制的主要依据。见艾登姆等《经济体制》，王逸舟译，生活·读书·新知三联书店，1987。

某种表现形式"，是"资源配置的组织安排"，"是一个介于生产关系和生产力之间的范畴"。①

但是，对于体制概念的这种界定，其表述上的逻辑混乱和矛盾是显而易见的。首先，经济体制究竟是经济制度还是经济组织，是马克思所说的生产关系还是生产方式？这一类表述都是含混不清的。如果是同时包含两者，对于为什么包含两者又缺乏应有的理论分析和恰当的界定。其次，这种流行的理解认为体制和制度两个概念之间存在双重关系：一是形式和内容的关系，体制是制度的具体表现形式，制度是体制的本质内容；二是制度决定体制，制度是基本的，体制是具体的制度。对于体制与制度关系的这种解释，虽然适应了改革启动时期的需要，但是存在理论逻辑的严重缺陷，对改革实践的深入发展也带来了负面影响。从理论逻辑来看，体制被看作基本制度的具体表现和形式，制度是体制的内容和本质。然而，形式与内容、现象与本质这两对范畴都是相对的概念，具有状态依存的性质，作为表现形式和具体制度的体制与基本制度之间的界

---

① 张仁德：《比较经济体制学》（修订版），陕西人民出版社，1998，第18页，第34～35页。

限是完全不确定的。事实上，任何一项制度安排，只要在社会经济生活中发挥实际的作用，而不只是一种抽象的原则和理念，则无论它在整个制度体系中的地位和作用如何重要，它必然都是一项具体的制度。因此随着改革的逐步推进和不断深入以及改革范围的逐步扩大，越来越多的制度安排就被纳入了体制的范畴，而基本制度的边界则会被不断压缩，以致最终消失。因为，当把所有的具体内容和表现形式都归入经济体制之后，经济制度就成了一个空洞抽象而没有实际内容的概念。① 从中国经济改革的实践来看，由于体制概念限定了改革的对象和范围，因此在社会的主流意识中潜藏着这样一种观念：需要改革的只是对资源配置发挥作用的经济体制，而社会主义经济制度

---

① 例如，传统政治经济学认为，社会主义制度主要是指生产资料公有制、按劳分配和计划经济三大基本制度。改革初期首先否定了计划经济与社会主义的本质联系，接着分配理论和政策也发生了变化，所谓基本经济制度主要就是生产资料所有制了。但是随着所有制结构的进一步调整和产权制度的改革，又有学者提出了"所有制手段论"。《中华工商时报》曾报道："在'中国经济学家论坛——"所有制是手段还是目的"'首届研讨会上，与会的经济学家一致认为，深化所有制改革是完善社会主义市场经济的关键，所有制理论要有重大突破。所有制是手段不是目的，应重新认识公有制为主体。"见《经济学家讨论所有制是手段还是目的问题》，《湖北社会科学》1993 年第 12 期。

是无须改革的。因此每当改革遇到瓶颈亟待突破时，就会有人祭起坚持社会主义改革方向的大旗，挑起姓"资"还是姓"社"的争论，给改革设置障碍。很显然，对体制和制度关系的这种理解在理论上站不住脚，在实践中则是有害的。

三 体制概念及其与制度的区别

青木昌彦认为，"经济体制这个词在相当大程度上是不自觉使用的"。[①] 英文中 institution、system、regulation、rule、constitution 等多个单词都具有中文"制度"一词的含义，在一定的语境中都可以翻译成制度。国外不同学科和经济学的不同学派所使用的制度概念，虽然都被翻译成了制度，但其概念的实质和内涵并不完全相同，并且各有侧重。在新老制度经济学派以及由制度学派演变而来的演化经济学中，制度概念一般是用 institution。比较经济学中的制度概念则使用了 institution 和 system 两个不同的单词，但是其中只有 system 在中文中才被翻译成

---

① 青木昌彦、奥野正宽：《经济体制的比较制度分析》，魏加宁等译，中国发展出版社，1999，第31页。

体制，而 institution 一般只译成制度，不译为体制。这是因为，institution 是指创设或形成已久的法律、风俗、习惯等，同时含有机构、组织的意思，既可以表示制度总体，也可用于表达某一个单项制度安排，所以常常用于微观领域的制度，如产权制度、契约制度、企业制度等。而 system 是指秩序、规律，同时含有系统、体系的意思，表达的是总体性的制度及其运行的某种状态和结果。事实上，也只有从系统的含义上来理解体制概念，才会存在不同的体制模式及其选择问题，也才会有所谓转型的问题。正因为如此，笔者曾把经济体制定义为"一个经济机体为了配置资源和对其成员分配利益所必然具有的、组织协调内部各种经济要素和全部经济活动的一整套制度安排"①。

从比较经济学研究的内容来看，体制是一个比制度内涵更丰富、覆盖范围更广的概念。前文已经提到，作为比较经济学研究对象的体制的内容，除了以所有制为基础的制度以外，还包括社会经济的组织和机制，甚至

---

① 周冰：《经济体制》，载张卓元主编《政治经济学大辞典》，经济科学出版社，1998，第 77 页。

还把后者作为重点。① 然而，组织和制度是两个不同的概念。尽管组织离不开制度，并且要依靠制度确立其结构、激励其构成要素的行为以实现组织的整体目标，但是组织毕竟不是制度。组织是一个具有自身利益目标和行为能力的实体。制度作为社会行为的规范和标准，是群体的黏合剂，不仅有作用于组织内部的制度，而且有作用于不同的组织之间的制度。机制和制度更是不同的事物。机制是指一个系统的结构与功能之间内在的必然联系，是系统功能实现的特定的途径和方式，在社会经济中是在特定的组织结构和利益结构下各种经济主体的行为方式的相互作用及其结果。制度塑造着社会经济的结构，规定着主体的行动范围，但是并不直接决定主体究竟如何行为，因此也就不能直接决定经济运行的结果。显然，制度不同于机制，机制并不是制度。仅仅用制度系统或系统的制度来解释不足以涵盖体制的全部内容。

考察社会主义国家的转型实践，在起点上是传统的计

---

① 例如，青木昌彦认为，构成体制的最小单位是各经济主体的行为。见青木昌彦、奥野正宽《经济体制的比较制度分析》，魏加宁等译，中国发展出版社，1999，第304页。

划经济体制，改革的方向和目标则是建立现代市场经济体制。比较起点和终点可以看出，在这一过程中，不仅产权制度从单一公有制转变为多元产权制度，经济调节机制从计划和行政命令转变成了市场，而且整个社会经济的存在方式和形态，包括组织结构、行为主体和利益关系，都发生了结构和性质上的变化。不仅出现了私营、个体和外资这些过去计划体制下没有的新的经济主体，而且原有的经济主体包括政府、企业和个人也都发生了重大变化。作为生产资料全民所有制主人的单位职工变成了国有企事业单位的雇员，作为集体所有制成员的人民公社社员已经变成了私营企业主或个体经营者，政府的利益和行为目标以及政府和企业的关系都发生了非常显著的变化。这就意味着，转型中的体制指的是一个社会经济体的组织方式和存在形态，包括社会经济的结构、行为主体和调节机制，而不仅限于制度。

　　总结以上讨论，我们可以把经济体制理解为一个社会经济体为了自身的存在和发展而实行的一整套组织、制度和机制的总和，是包括社会经济制度、社会经济体的结构、行为主体和经济机制在内的一个经济运行系统。

换言之，体制是一个社会经济体的存在状态和形式。可见，体制概念涵盖的范围大于制度，体制中包含了制度，但是不仅限于制度，还包含制度以外的组织、行为主体和机制等内容。

制度是指一定范围内所有行为主体共同承认和普遍遵守的关系规范和行为规则，它并不是一种有形的存在物，而是社会经济的控制系统。体制与制度两者之间的关系，可以借用计算机专业的术语来打个比方。如果我们把组织和行为主体等实体性的存在看作社会经济体的硬件，把人们之间的关系和行为方式等无形的存在看作软件，那么制度就是社会经济体这部超级计算机的软件系统，而体制则是包括软件和硬件在内的社会经济体这部超级计算机本身。

体制作为社会经济体存在的状态和形式，首先取决于它的组织和结构，它的功能实现则依赖于调节机制，而组织和机制两者都与制度存在密不可分的关系。从这个角度来理解体制和制度两者之间的关系，类似于流通和交换的关系。流通是一个集合概念，交换是一个一般概念，流通也可以称为交换，但是只有交换的总和才能称为流通，一次交换是不能称为流通的。同样，制度是一般概念，既可以泛指一切制度，也可以指单项制度；体制是制度的集合概念，[1] 只能用于总体性的制度，即制度系统，单项制度是不能称为体制的。可见，流行的观念认为，经济制度是反映社会生产关系的本质概念，而体制是制度的具体形式或外在表现，[2] 这显然是不恰当的。

制度经济学家广泛使用制度结构、制度环境、制度框架、制度矩阵等概念，有的学者甚至在同一场合同时使用以上多个概念（例如诺斯）。尽管不同的学者赋予这些概念的含义不尽相同，且大都没有经过严格界定，但都是在制度系统与整体状态的含义上来使用这些概念的。[3] 这也在一定程度上反映出理论研究对经济体制概念的需要具有客观性。

① 青木昌彦、奥野正宽：《经济体制的比较制度分析》，魏加宁等译，中国发展出版社，1999，第1页。

② 例如，卫兴华、顾学荣主编的高等教育自学考试经济管理类专业教材《政治经济学原理》，经济科学出版社，1988，第301页。

③ 例如，林毅夫把制度结构定义为"一个社会中正式的和非正式的制度安排的总和"。参见《关于制度变迁的经济理论：诱致性变迁与强制性变迁》，载《财产权利与制度变迁——产权学派与新制度学派译文集》，刘守英等译，上海三联书店，1991，第378页。

四　体制概念的理论意义及其特征

概念是认识的工具和思维发展的阶梯。概念的区分、严格和精确化，是认识深化的必然结果，是理论发展的需要。严格区分体制与制度两个概念主要有以下两个方面的意义。一是为认识和分析体制的内部结构打开了大门。既然体制是由一整套制度构成的，是一个制度系统，它就必然具有一定的结构，其中就会存在各种不同的制度类型，存在各种制度安排之间的多种类型的复杂的相互关系。只有深入探究各种不同的制度类型、不同制度之间的相互关系以及它们之间的相互作用，才能深入体制结构的内部，揭示其内在的作用机理。二是有利于制度变迁理论研究进一步深化。因为区分不同的制度类型，正确理解各种制度在体制中的不同地位和作用，能够直接深化对各种制度安排之间的相互关系以及相互作用的不同方式的认识，从而推动制度变迁理论的发展。

新制度经济学通常把制度区分为正式制度和非正式

制度。① 所谓正式制度，是指法律和政治等成文的或者至少公开言明的制度安排；非正式制度是指意识形态、习俗等不成文甚至没有公开言明的制度安排。这是根据制度安排存在的形式和内在结构进行的分类。任何制度都有它特定的约束对象，指向特定的行为主体（个人和机构）与特定的关系或行为，因此，都有一套关于人们相互关系或行为的评价标准。这是相同的。除此之外，正式制度与非正式制度各自存在的具体形式、对约束对象的行为界定和奖惩标准、实施方式和实施主体以及制度产生或形成的方式都是不同的。

　　哈耶克则依据规则的起源将制度划分为内生性制度和外生性制度。② 内生性制度是指从社会群体的互动过程中自发演化出来的行为规范；外生性制度是由政府等权威机构自上而下设计出来、强加于社会并付诸实施的行为规则。这种划分与正式制度和非正式制度的划分实际上是重叠的。两种分类的区别在于，哈耶克从他的自生

---

① 道格拉斯·C. 诺斯：《制度、制度变迁与经济绩效》，杭行译，上海三联书店，1994。

② 哈耶克：《法律、立法与自由》，邓正来等译，中国大百科全书出版社，2000。

自发的扩展秩序理论出发，不是关注制度结构，而是强调制度的可实施性和实施的机制与成本问题。因为内生性制度是在人们反复经历的过程中逐渐形成的，是有限理性的个人相互交往的无意识结果，是自我实施的行为模式，因而具有充分的可实施性。而外生性制度如果和内生性制度不协调，行为主体就没有自动遵守的内在激励，因此就无法自我实施。这就需要额外的实施机制，通常是一些强制性手段和惩罚措施，并通过正式的组织加以执行，来促使行为主体遵守这种外生性制度，因此必然会有较高的实施成本。

布坎南区分了公共选择中的立宪性选择和政策性选择，前者是指对决策规则的选择，后者是指对具体行为的选择。[①] 由此可以把具有不同地位的制度安排区分为宪法性制度和具体制度。所谓宪法性制度，是指在整个体制中处于基础地位的最基本的制度安排，它是决定如何选择、制定制度的制度。这里的宪法性制度不是法学的

---

① 布坎南：《自由、市场和国家》，吴良健等译，北京经济学院出版社，1988。布罗姆利把这两个层次的决策分别称为"制度交易"和"商品交易"。见丹尼尔·W. 布罗姆利《经济利益与经济制度——公共政策理论的基础》，陈郁等译，上海三联书店、上海人民出版社，1997。

概念，而是借用法学概念的哲学含义，指社会经济体的根本性的制度安排，也就是人们通常所说的基本制度。任何一个社会经济体，无论其规模大小及性质如何，都有自己特有的宪法性制度。基本制度，一般来说，都比较原则和抽象，因此都要有相应的具有可操作性的具体制度来贯彻实施。具体制度就是体现基本制度原则的可操作的制度安排。由于社会体制是一个包含多层次复杂结构的运行系统，因此基本制度和具体制度的划分具有相对性，其中每一个层次都有自己特定的基本制度决定该层次的性质和结构。较高层次的基本制度决定所有较低层次结构中的具体制度；反之，每一个较低层次的基本制度都是上一个较高层次的体制结构中的具体制度。

此外，我们还可以根据制度安排在组织内的不同功能把制度区分为组织性制度与激励性制度。组织性制度是指确定人们之间社会关系的规范。它规定人们是以什么身份、什么形式进行交往和合作，决定行为主体的社会角色和地位以及相应的职能和身份。组织性制度把人群组织成有序的社会系统，形成社会的结构，因此也可以称为结构性制度。激励性制度是直接针对人们行为的规则。它是关于人们应当如何行动的制度规定，包括对禁止、允许、提倡和鼓励的各种行为的规定。激励性制度总是包含明确的行为评价标准，直接指明行为的是非、对错、好坏、善恶。这类制度的作用机制主要有两种：一种是直接限制人的行动权利，并对违规者加以惩处；另一种是通过把人们的行为与利益联系起来，发挥激励和约束人们行为的作用。

制度具有强制性、公共性和稳定性。制度强制性的作用，在于限定社会主体行为的选择区间，是作为一种边界条件约束人们的社会关系和行为。在制度划定的范围以内，人们存在关系和行动组合的选择自由，一旦违规或越界，制度就将强制性地实施惩罚，这时人们就失去了行动和选择的自由。制度的强制性塑造着群体的行为模式。制度是群体用来调节人们之间的关系、控制个体行为、维护合作秩序的手段，是人类合作的基础和条件，针对的是一定范围内所有的行为主体，而不是特定的单个人。制度规范的是人们的社会关系和社会行动，而不是孤立的个人和纯粹的私人行为。制度的产生、实施和改变是一种社会过程。制度实际上是人们将重复出现的情景中相同的决策过程程式化的一种结果。一方面，它能极大地简化决策过程，节约决策劳动，提高行动效率；另一方面，它使人们的行为具有在相同情形下重复的特征，表现出一定的规律性，因而使不同的人在相互交往时可以形成稳定的预期，从而在纷繁复杂的社会行动中产生秩序。

　　与制度相比，体制的显著特征则是整体性、协同性和更大的稳定性。体制是一个整体性的概念。体制作为整体的结构和功能，一方面决定着其构成要素，包括各种制度安排、组织机构和行为主体的地位和作用；另一方面每一构成要素自身的性质和功能的实际发挥也都要受到体制总体状态的制约，服从体制整体功能实现的需要。体制的各个构成要素之间存在相互联系、相互作用、相互依存、相互制约的关系。这种由体制的结构决定的，为了实现体制整体功能而需要的，各种要素之间普遍而抽象的相互关系，反映体制自身的本质特征和基本原则，构成体制的宪法性秩序。青木昌彦在《经济体制的比较制度分析》一书中突出地强调了体制内的制度之间的互补性，其影响着所有构成要素和微观主体的行为方式和功能的发挥。制度的稳定性来源于环境的相对稳定和人的思维对经验和习惯的依赖。凡勃仑认为，人们总有长期坚持原有习惯和制度的惰性。[①] 体制因各种制度之间的协同作用而产生逻辑一致性，因此具有比制度更强的稳定性。但是，这并不意味着体制是固定不变的。体制既有一定的韧性，又有一定的可塑性。一方面，体制为维护自身的稳定和秩序，会对单项制度安排的变动和个别主体行为方式的改变加以抑制和排斥；另一方面，随着外部条件包括自然禀赋、人口状况、经济发展水平、政治文化社会关系、国际环境等的变化，体制也会做出一定的适应性调整。由于不同模式的体制的内在结构和宪法性秩序不同，其可塑性和灵活适应性有着巨大的差别，因此，其稳定性和维持自身存续的能力也就大相径庭。

（本文发表于《中国经济问题》2013 年第 1 期）

---

① 凡勃仑：《有闲阶级论》，蔡受百译，商务印书馆，1964。

第二篇　论体制的制度结构

内容提要：一个体制中最基本的制度是元制度。体制的制度结构是由围绕着元制度的横向和纵向关系构成的。体制内的一组元制度称为制度核，它规定着体制的结构和属性特征。由同一元制度派生的所有具体制度构成一个制度子系统，同一制度子系统中从元制度直至最具体的制度形成一条制度链，它们都是体制的一个功能模块。

关　键　词：体制的制度结构　元制度　制度核　制度链　体制的功能模块

　　转型经济学研究的重心是经济体制模式的转换过程，这个过程实质上是体制的结构和特征改变的过程，因此，转型经济学的发展需要深入体制的制度结构内部。经济体制的结构，包括组织结构和利益结构、行为主体特别是其中的机构法人，都是由一整套制度安排决定的。因此研究一个体制的结构，首先就要对决定其结构和主体的各种制度彼此之间的关系加以分析，也就是分析体制的制度结构。这里需要区分两个概念：体制结构和体制的制度结构。体制结构是指构成体制的各种要素之间的关系，包括国民经济的组织架构、行为主体、利益关系、协调机制等及其相互关系。体制的制度结构是指构成一个体制的一整套制度安排及其相互之间的关系，也就是决定体制性质和特征的制度系统的结构。它决定体制的组织结构和利益结构，规定经济主体的行为方式，也就是说，决定体制的结构、性质和运作方式，因此是理解体制结构及其模式转换的基础。

一　元制度、制度的并列关系和派生关系

　　新制度经济学家对体制的制度结构的分析大都是初

步的，主要是从不同的角度对构成体制的制度安排进行
简单的分类。例如，诺斯区分了正式制度和非正式制度，
哈耶克区分了内生性制度和外生性制度。前者着眼于制
度存在的不同形式，后者关注制度的生成方式和实施成
本，但是两者都没有注意制度安排之间的层次性。

曹元坤注意到了制度安排之间的层次关系，提出了
核心制度与配套制度的划分（1997）。他认为，由于任何
制度安排的作用都是融合于制度结构之间的耦合作用，
因此一项制度安排的变迁，有可能引致其他制度安排乃
至制度结构的效率变动。在各种制度安排中，引致作用
最重要的一项或一组制度安排就是核心制度。其余引致
作用较弱并且受核心制度规定和控制的制度安排，称为
配套制度。① 但是他的分析还很粗略，仅仅是提出了这一
对概念而已。至于由此分类必然会引出的各种问题，他
还完全没有涉及，更谈不上展开分析讨论了。

张旭昆在《制度系统的结构分析》（2002）一文中
对制度结构的层次性进行了专门的研究。他是在基本制

---

① 曹元坤：《从制度结构看创设式制度变迁与移植式制度变迁》，《江海学刊》1997 年第 1 期。

度与具体制度和派生制度的概念下来讨论制度安排之间的层次性关系的，并使用了有向树形图来对制度系统的静态结构进行描述。他提出，一个社会现行的各种制度在总体上构成一个层级系统。其中有一些最基本的制度，其他制度则是由它们派生而来的。基本制度往往是一些抽象原则，可操作性不强；派生制度是基本制度内涵的具体规定和具体实施措施。由于各项制度安排之间存在多层派生关系，因此，他对基本制度与具体制度之间的划分具有相对性。为此，张旭昆提出了基础度的概念来确定一项具体制度在整个制度系统中的基本程度。[①]

张旭昆没有提出体制的概念，虽然他研究的是制度系统的结构，但只是着眼于制度之间的关系，而不是从宏观整体的视角来展开。因此，他的分析尽管比较深入细致，但是不可能提出在一个体制或制度系统里究竟有多少最基本的制度，这些最基本的制度之间又有什么样的关系，体制或制度系统的性质是由什么决定的，与这些最基本的制度之间的关系如何等问题，而这些是在分

---

① 张旭昆：《制度系统的结构分析》，《数量经济技术经济研究》2002 年第 6 期。

析体制的制度结构时不可避免地需要讨论的问题。

此外，基础度的概念也是有问题的。张旭昆定义一项制度在整个制度系统中的基础度（记为 J_i）取决于它在整个系统中的层级（记为 B_i）与它所参与（直接或间接）派生出的各项制度的多寡（记为 M_i），即 $J_i = B_i + M_i$。[①] 一般来说，这在由同一个最基本的制度派生出来的制度子系统内是成立的，但在由不同的基本制度派生而成的制度序列之间则不一定成立。因为一项制度的基础度（J_i 的大小）实际上表示的是，该项基本制度所规约的行为方式要得到具体实现所需要的社会约束的复杂程度，而并不表示它与其他基本制度之间的基础程度的高低。例如，两项平行的最基本的制度 A 和 B 彼此独立，制度 A 的原则精神需要 3 个层次共 6 项具体的派生制度才能实现，基础度为 9；制度 B 只需经过 2 个层次共 4 项制度就能得到贯彻，基础度为 6。我们能因此说，制度 A 是比制度 B 更基本的制度吗？显然不能。因为制度 A 和制度 B 分别作用于完全不同的社会领域，其在各自的作用领域中都是最

---

① 张旭昆：《制度系统的结构分析》，《数量经济技术经济研究》2002 年第 6 期。

基本的制度。

由此可见，分析体制的制度结构应当从宏观的整体视角出发，也就是要立足于体制的角度，如果把视野锁定在微观视角，仅从各项制度安排之间的关系来看制度之间的关系，是无法全面准确地认识体制的制度结构的。事实上，结构本身就是一个宏观的概念，需要有整体主义的眼光才能有效把握。从体制的整体视角来考察制度结构，核心的概念是元制度。本篇以下将围绕元制度这个概念及其横向和纵向关系对体制的制度结构加以分析。

布坎南和青木昌彦在对制度结构的分析中都使用了元制度的概念，尽管他们的研究都带着单一地强调个体主义分析方法的局限。布坎南将整个体制的内部结构区分为宪法性规则和具体规则。在布坎南和布伦南合著的《宪政经济学》一书中，他们明确指出制度并不是简单的制度安排，也不是制度安排之间的互补关系，而是一个立体的结构，在这个结构的上端，是宪法。这里，宪法的含义仅仅表明作者对制度规则的讨论是在最一般的层面展开的，并不是指实际的宪法，也不针对特定的制度。作者集中讨论了宪法性规则与具体规则的选择和实施，并区分了规则间选择和规则下选择。宪法性规则是选择制度规则的规则,是生成具体制度的规则,是规则间选择,涉及元制度、元规则的选择,而规则下选择则涉及具体规则的选择。但是,布坎南没有提出和回答宪法性规则是唯一的还是多元的,也就是一个制度系统中有多少个元制度的问题。

青木昌彦虽然专门研究了经济体制的制度结构,但他是从制度之间关系的角度出发进行研究的,实际上采取了一种微观分析的立场,主要对企业内部和环绕企业的各种制度间的关系展开了分析。他的研究重点是经济体制的多样性和演化,因此在体制的内部结构分析中关注的是制度之间的互补性。青木昌彦发展了制度分析的进化博弈论方法。为了适应其博弈论方法,他定义了"域"的概念并将其作为基本的分析单位。分析的起点则是"基本制度的一般形态——即元制度"。[①] 青木昌彦的元制度(Proto – institutions)是指一个单一域的制度,"没有借助域之间的相互依存性,故不可避免地表现为原

---

① 青木昌彦:《比较制度分析》,周黎安译,上海远东出版社,2001,第34页。

始的形态"。①

对于元制度的概念，青木昌彦强调它的初始性、单纯性和简单性，布坎南则突出它的根本性和重要性，但是两人共同表达的一致意思是元制度所具有的本源性，即元制度是整个制度系统中最基本的制度，是决定其他制度的制度。因此，我们可以定义一个体制中最基本的制度为元制度。所谓"元制度"，是指一个体制或制度系统中对除了自己之外的所有其他制度起决定性作用的制度，它是其他任何制度的起源，或者说是其他任何制度得以存在的基础。

元制度是最基本、最本质，因而也是最初始的制度，由它决定和派生出其他各项制度，而它并不由其他制度所决定，也不能由其他制度派生而来。这里的决定和派生关系是单方向的。也就是说，一项元制度 A 可以派生出具体制度 B，用箭头表示制度之间的决定关系，就是 A→B，而不能反过来，也就是说 B→A 不成立。因此，元制度作为基本制度是绝对的。

一个体制内不只有一项元制度，而是存在一组元制

_____

① 青木昌彦：《比较制度分析》，周黎安译，上海远东出版社，2001，第30页。

度。从元制度出发来看待制度之间的关系，主要有两种类型，即平行并列关系和派生从属关系。各种元制度之间的关系是平行并列的关系，也就是说，所有元制度都是彼此独立的，它们之间不存在谁决定谁的问题。而其他制度都是由元制度派生而来的，因此，每一项具体制度都从属于派生出它的那项元制度，以及由那项元制度派生出的制度序列。

二 制度核、体制属性与体制模式

任何一个体制内部都包含一组元制度。这组元制度共同决定体制的性质、结构和特征。我们把这样的一组元制度称为制度核。制度核中的元制度一个不能多，也一个不能少，它们就像遗传基因一样，是构成该种体制模式的充分必要条件，包含构成该种体制模式的全部信息。例如，一个经济体制的制度核包括意识形态的经济伦理、产权或所有制、经济协调或资源配置方式、国家的经济性质和经济职能定位、货币和金融制度、体制开放状态六个方面的元制度。一个政治体制的制度核则包括政权合法性的来源和意识形态的政治传统、政权组织架构（包括中央权力结构与中央和地方的关系）、合法暴力系统的体制、官吏体制、财政体制、国家主权及对外关系六个方面的元制度。

　　为简化起见，我们可以篮球运动的例子来对此加以说明。1891 年美国人詹姆斯·奈史密斯在创立篮球运动时，为它制定了五项基本原则和 13 条规则。五项基本原则是：①采用不大的、轻的、可用手控制的球；②不准持球跑；③严格限制队员之间的身体接触；④球篮安置在高处，应该呈水平；⑤任何时间都不限制两个球队的任何队员获得正在处于比赛过程中的球。① 正是这五项基本原则规定了篮球这项体育运动的性质和特征，把篮球和其他体育运动，包括其他对抗性的球类竞赛活动区别了开来。因此，这五项基本原则就是篮球运动体制的元制度，它们一起共同构成了篮球运动体制的制度核。这五项基本原则是构成篮球运动的充分必要条件，一项不能少，但也一项都不必再多，它们包含了篮球作为篮球运动体制的全部信息。如果缺少或改变了五项基本原则中的任何一项，篮球就不再成其为篮球，而会变成橄榄

---

　　①　殷成年、袭长城：《篮球》，人民体育出版社，1995，第 6 页。

球（如取消第二项或第三项）或是别的什么体育活动（如取消第一项或第四项就成了足球）了。篮球运动在其诞生后的 100 多年的发展过程中，比赛规则从最初创立时的 13 条不断增订和修改，一直发展到目前的八九十条之多，都是为了保证篮球向着文明、公平、积极、健康的方向发展，在五项基本原则基础上做出的具体规定。每一条规则都分别是五项基本原则中的某一项的具体体现和贯彻落实的具体措施。所有篮球规则的发展和改变，都没有丝毫违背和改变这五项基本原则。

由制度核所决定的体制的性质和基本特征，就是该种体制的属性，或者如科尔奈所说的体制品性。科尔奈在《从社会主义到资本主义变化意味着什么》一文中提出了"体制品性"（System Attributes）的概念。他认为，一种经济体制，例如资本主义或社会主义，不管从什么历史文化背景中产生，也不管其形态如何，它们都具有某些共同的特征，这些特征就被称为体制的品性。[1] 体制

---

[1] Kornai, Janos, "What the Change of System from Socialism to Capitalism Does and Does not Mean," *Journal of Economic Perspectives*, Vol. 1, No. 1, Winter 2000, pp. 22 – 27.

品性的差异决定体制的不同类型，也就是体制模式的不同。

因此，转型的实质就是元制度直至制度核改变的过程。改革和制度变迁，只有深入元制度的层面，才会引起体制模式的变化。其中任何一项元制度的变化都意味着体制模式发生了性质上的改变，尽管是部分的质变，而制度核的改变就是体制模式的彻底转换。

三　制度链和体制的功能模块

元制度是整个制度系统中最基本的制度，所有其他制度都是由它们派生而来的。基本制度通常都是比较原则和抽象的，只有通过具体制度才能真正得到贯彻实施。具体制度，是为了适应基本制度的需要，作为其实施的具体措施而制定的，它们不仅是由基本制度引致的，而且它们的作用方向和作用范围都受到基本制度的规定和制约，因此是基本制度的派生制度。派生制度由基本制度决定，因此从属于基本制度。

基本制度和派生制度之间往往是一对多的引致关系，存在一对一和一对多的多种可能性。由于社会生活具有丰富性和复杂性，一项元制度做出的原则规定，一般都要通过多个层次的派生制度才能最终形成一个相对确定的行为选择空间。所以，派生制度还会进一步派生出从属于它的具体制度，对于由它派生的具体制度而言，这项派生制度就是其基本制度。在这样一个制度层级系统中，除了它的两端，一端是元制度，是绝对的基本制度，另一端是没有派生任何其他制度的具体制度，是最终的和绝对的具体制度，其他处于中间层次的制度，无论作为基本制度还是具体制度，都具有相对性。

由同一项元制度派生而来的所有制度构成一个制度子系统，它的作用指向是某个特定的社会生活领域，因此具有相对的独立性。借用张旭昆的有向树形图来表示，这个制度子系统就是一棵"树"，其中元制度是"树根"，派生制度是"树干"和"树枝"。① 连接树根到树枝的每条通道，构成一个从抽象的制度理念到具体的行为规则的完整链条，因此，我们可以把它称作制度链。

---

① 张旭昆：《制度系统的结构分析》，《数量经济技术经济研究》2002 年第 6 期。

所谓制度链，就是从元制度经过多层次的制度安排直至最终的具体制度，为了实现社会的制度理念对人们的选择行为做出的具体规定。

每一个制度子系统和制度链都是针对社会生活中某个特定领域人们行为的特定方面进行的规约，它们的作用是相对独立的。每一个制度子系统和制度链都承担着体制或制度系统某一特定方面的功能，因此，我们可以把这种相对独立的制度子系统和制度链看作体制的一个功能模块。整个体制的制度结构由不同的功能模块组合而成，不同的体制功能模块的协同作用决定制度系统实施的效果。

四　体制的制度结构

以上我们以元制度为中心，围绕着元制度的横向关系即制度间的并列关系分析了制度核和体制的属性，以及纵向关系即制度间的派生和从属关系分析了制度链和体制的功能模块。将以上两个方面综合起来，我们就可以将一个体制静态的制度结构表示为图1。

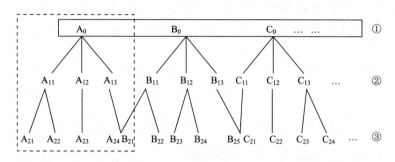

图1　体制的制度结构①

　　图中的字母 A、B、C 等分别表示不同的制度；字母下标为该制度的序列号，其中第一个数字表示该制度的层级数，如 A_0、B_0 及 C_0 等均为最高层级的制度即元制度；制度之间的连线表示制度之间的派生和从属关系，如 A_{11}、A_{12} 和 A_{13} 都是 A_0 的派生制度，从属于 A_0。

　　元制度 A_0、B_0、C_0 等位于制度结构的顶端，即第①行所指的是一切制度的最基本的制度，其他各行均为由其派生出来的具体制度。而第②行又是第③行的基本制度，以此类推，第 $i-1$ 行是第 i 行的基本制度，而第 $i+$

---

① 我的硕士研究生王婷婷在其学位论文中对这一问题进行过专门研究，这一图形就是她在我的指导下设计出来的，这里又做了一点修改。参见王婷婷《适应性效率的理论探讨》，浙江财经大学硕士学位论文，2010年10月，第35页。

1 行是第 i 行派生出来的具体制度。基本制度和由它派生的具体制度之间既有一定的层次性，在基础程度上的定位又有一定的相对性。基本制度和具体制度之间并不总是一一对应的关系，而是存在一对一和一对多的各种可能性。在图 1 中，基本制度 A_0 派生出三项具体制度，A_{12} 派生出又一项具体制度，等等。

　　图中方框表示制度核，即 A_0、B_0 及 C_0 等元制度共同构成该体制的制度核。设制度核为 U，则 U = $\{A_0$，B_0，C_0，…$\}$。它决定该体制的属性和基本特征。

　　虚线框表示框内的制度集合是体制的一个功能模块。从某一元制度如 A_0 出发，直到最具体的制度如 A_{21}，其串连起来的所有制度即图中的 A_0、A_{11} 和 A_{21} 构成一条制度链。A_0 及其派生的具体制度就是一组制度链，同样，B_0、C_0 及其派生的具体制度也各是一组制度链。每一条制度链都承担着特定的功能。由同一个基本制度派生而来的一组具体制度共同承担着某一方面的功能，作为一个制度子系统，它们具有相对的独立性，因此是体制的一个功能模块。我们用虚线框内的制度集合近似地表达这一含义。

然而，制度子系统的独立性仅有相对的意义。这一方面是由于不同制度子系统所体现的各个模块的功能之间存在协同作用，并不是完全独立和无关的；另一方面，由不同基本制度派生的具体制度之间也会出现交错。例如，两个不同基本制度的共同需要引致了同一个具体制度，在图1中，A_{24} 和 B_{21} 以及 B_{25} 和 C_{21} 表达的就是这种情况。

（本文发表于《经济纵横》2013 年第 2 期）

第三篇　平滑转型的机制与路径：
基于制度结构的分析

内容提要： 从体制的制度结构树状图的位置来看，自上而下的改革是突变式的转型；自下而上的改革是一种目标有限的局部改革，本质上是制度结构对环境的一种适应性调整，但不同于自发的制度演化，而是宏观决策主体主动自觉地调整。过渡性制度安排是减小改革阻力、诱发后续改革、实现体制平滑转型的机制。平滑转型是沿着边际循环路径推进的。平滑转型的风险主要在于改革停滞甚至倒退和变性，使体制长时间处于扭曲、不稳定的病态，因此改革信念、改革文化和领导者的改革决心和勇气，是实现体制平滑转型的重要条件。

关 键 词： 制度结构　体制转型路径　平滑转型
适应性调整　过渡性制度安排　转型风险

一　突变模式与平滑模式：体制转型的两种基本方式

笔者在已发表的《论体制的制度结构》一文中对体制结构和体制的制度结构两个概念进行了区分，并在此基础上提出：在一个制度系统中最基本的制度是元制度，不同的元制度彼此之间是平行独立、互不统属的关系。体制的性质和基本特征是由一组元制度共同决定的，这组元制度可以称为该体制的制度核。制度只有在对人们的行为方式能够直接加以规约的时候才是有效的。作为一种抽象的基本原则，元制度不具有操作性，因此需要通过由它派生出来的具体制度来体现。一个元制度往往会派生多个和多层次的具体制度。由同一个元制度逐级派生的直到最具体的具有直接操作性的制度安排，构成一条制度链。由同一元制度派生的所有制度安排，也就是多条制度链，共同构成体制的一个功能模块。① 上述静态的制度结构如果用树状图来表示，从元制度到最具体的操作性制度安排，其结构就像一棵倒置的树，最上面的元制度是树根，最下面的树梢是最具体的操作性制度安排，两者之间的部分，越靠近上面树干部位的是越基本的制度安排，越靠近下面树枝部位的则是越具体的制度安排。而整个体制的制度结构就是一座由其制度核生发出来的、自上而下生长的倒置的树林。

　　由此观之，体制模式的转型方式，也就是一个体制的制度核改变的路径，存在两种可能的基本路径：一种是自上而下从元制度开始进行改革并带动整个制度系统改变；另一种是自下而上从具体操作性制度安排改起，逐级推进到元制度层面直至整个制度核发生变化。这里的自上而下和自下而上，是就制度安排在体制的制度结构树状图中的位置而言的，与通常所指的权力的大小和来源方向不是一回事。诚然，现实中的改革路径往往并不是单纯的自上而下或自下而上，不仅这两种路径可以

---

① 周冰：《论体制的制度结构》，《经济纵横》2013 年第 2 期。

有多种不同的组合，而且在体制转型的不同阶段所采取的路径及其组合方式还可能发生变化，从而呈现非常复杂多样的改革方式和转型路径。但是就理论逻辑而言，体制转型所有可能的路径都可以抽象简化成这两种基本路径。因此，这两种基本的改革路径就是研究探索体制转型方式的"牛鼻子"，只有紧紧抓住这个"牛鼻子"才能真正深刻透彻地理解体制转型方式的理论逻辑。

很显然，自上而下的转型路径是一种整体性的改革，因为对元制度的改革必然使由它派生而来的整个制度系统同时坍塌，因此自上而下的改革就不仅是对元制度的改革，而且是对整个制度系统同时进行的改革；自下而上的转型路径则是一种通过一系列局部改革来实现体制转型的方式。

国外的自由主义经济学家大都支持整体改革，而不赞成局部改革。反对局部改革的基本理由是，任何制度都有其内在的统一的运行逻辑，局部改革会打乱制度的运行，造成混乱，其结果甚至不如不改。① 他们还提

---

① 例如，布鲁斯提出："每一种模式都有它自己的内在逻辑，而一般来说，打乱这种逻辑比采用一种较差的但始终一贯的解决办法是更加（转下页注）

出了两个非常著名的比喻来形象地论证这种观点。第一个是交通规则的比喻，即把制度规则比喻为交通规则，例如车辆沿公路左行还是右行的规定，要么就全部改变，要么就不改。如果进行局部改革，就如同让一部分车辆左行，而另一部分车辆仍按原来的规则继续右行，这必然造成交通混乱甚至瘫痪。第二个比喻是人不可分两步跨过一条壕沟。[①] 他们以此来说明局部改革根本行不通。[②]

然而，这两个流传很广的比喻都经不起推敲。因为

(接上页注①)危险的。""在许多可能性中也许最坏的一种可能性就是试图把那些同不同模式有机结合在一起的各种因素机械地统一起来。"参见费·布鲁斯《社会主义经济的运行问题》，周亮勋、荣敬本、林青松译，中国社会科学出版社，1984，第193页。从20个世纪60年代起，东欧各国的社会主义改革理论研究者，例如奥塔·锡克、J. 泽林斯基等，就广泛地持有这种观点。

① 例如，诺兰提出，"如果人面对一道壕沟，理智的选择是一步跨到对岸去，而不是小心地试探，没有什么理由可以支持渐进的制度转型。" Nolam, P., "The China Puzzle: Touching Stones to Cross the River," *Challenge* (January – February), 1994, pp. 25 – 31.

② 此外，萨克斯还有一个比喻，是曹远征在一次会议上转述的。萨克斯提出，渐进式改革就像从一栋大楼上往下抽砖头一块一块地进行替换，不等抽完，大楼就倒塌了。但是，改革并不是一个单纯的"破"的过程，而是在破的同时"立"，破坏和创新是同一个过程，同时进行。这就如同用盾构机挖掘隧道，将原有的岩石和泥土挖出，随之即就对隧道壁进行加固，在旧的阻隔屏障被消除的同时新的通道也建成了。所以萨克斯的比喻并不确切。

他们都是把改革的对象比喻成一个单项的制度安排，认为其是一个不可拆卸和分解的整体，但是体制转型改革的对象是体制的制度结构，即一整套制度系统。这两个比喻都犯了偷换概念的逻辑错误。其实，把改革的对象比喻成一个单一的简单事物，就不存在所谓整体改革和局部改革的关系问题了，因此也就不能论证其所要说明的问题和支持他们的观点。众所周知，器官移植是现代医学一种非常普遍的医疗手段，说明生物机体的构成部分是可以局部替换的。体制和制度结构作为社会系统是比生物体更加复杂的巨型系统，其中包含纵横交错的复杂的结构关系，既有紧密依存的纵向派生关系，也有彼此平行并列的耦合关系；既有衔接非常紧密的制度链条，也有相对独立的功能模块。其中对相对独立的功能模块单独进行改革，就类似于生物体的器官移植。因此局部改革不仅是可能的，而且还能够成为体制模式转型的两种基本路径之一。

制度和体制最基本的功能之一是为人类社会生活提供秩序。不同体制下的秩序的性质和特征是不同的。我们把由体制的基本结构及其特征决定的反映体制性质的秩序称为体制的宪法性秩序。体制转型意味着体制的宪法性秩序的转换。自上而下或曰整体性改革，因为是从元制度这个根上改起，因此整个制度系统会随着元制度的改变而立即崩溃，而新制度系统的建立和与之相应的秩序形成还需要一个过程，在此之前就会出现一个宪法性秩序的中断和真空状态，据此可以把这种转型方式称为体制转型的突变模式。自下而上的转型方式是从具体的操作性制度开始进行的改革，是通过一系列局部改革逐步推动体制模式转型，其中宪法性秩序的转换是一个平滑的过程，因此可以称为体制转型的平滑模式。[①] 自上而下的改革和转型的突变模式可以画等号，自下而上的改革是否能实现平滑转型，还需要进一步地分析。

二 适应性调整：改革和演化的区别

体制转型的不同模式是由权力机关作为改革决策者的选择直接决定的，决策者的知识水平、理论观念、操

[①] 宪法性秩序和体制转型的突变模式与平滑模式是笔者在《经济体制转型方式及其决定》（周冰、靳涛，2005）一文中提出的概念。

作能力等主观原因是直接决定转型方式的关键因素，尽管这种选择要受到诸如体制结构、改革时机、外部环境等客观因素的严格制约。

决策者为什么会不惜冒秩序崩溃的巨大风险实行突变模式的改革呢？突变式改革首先从元制度着手，反映出决策者从一开始就是要进行根本性的改革，就是要改变整个体制模式，其是以体制模式的转型为改革目标的。决策者之所以要彻底抛弃原有体制，一定是因为对原有体制的弊端已经有了深刻而透彻的认识，对新旧体制两种模式的优劣已经有了确定无疑的判断，也就是说他的改革从一开始就有着明确的理论或思想观念的指引。由于改革有着明确和清晰的目标，决策者可以对改革进行成本收益的计算，当其认为改革将要获得的收益可能大于付出的成本，或者除了进行改革已别无出路时，就会以一种义无反顾的态度推行这种自上而下的突变式改革。而改革失去控制和宪法性秩序的崩溃并不在决策者的计算之中，反映了转型本身具有的不确定性。因此，自上而下的改革或者说转型的突变模式具有鲜明的理论和观念先导的性质。[①]

　　自下而上的改革则有很大的不同，它在开始时显然并不打算彻底抛弃原有的体制。无论决策者在口头上如何宣示，[②]他在实际上并不是要进行根本性的改革，因此不会在元制度层面触动制度核。[③]虽然要进行改革，但是又不想改变原有的体制性质和基本特征，也就是说自下而上的改革至少在开始阶段，并不是以体制模式的转型作为其目标的。决策者之所以选择自下而上进行改革，一方面是因为原有体制的运行绩效低下，已经无法实现决策者的期望目标，这时体制的弊端已经暴露得比较充分，因此需要进行改革；另一方面是因为决策者对原有体制的信心并没有完全丧失，他还存有幻想，因此试图通过局部的改革来达到目的。由于是在原有体制模式的

---

①　例如，戈尔巴乔夫在执政的第三年（1987年）就出版了作为其改革指导思想的《改革与新思维》一书；而在叶利钦执政时，俄罗斯的经济改革则采取了由"华盛顿共识"指导的"休克疗法"。

②　1984年1月，邓小平在会见德国总理科尔时说："我们把改革当作一种革命，当然不是'文化大革命'那样的革命。"1985年3月，在会见日本自民党副总裁二阶堂进时提出："改革是中国的第二次革命。"

③　例如在刚刚决定实行改革开放不久，1979年3月30日邓小平代表中共中央在北京召开的理论务虚会上做了题为"坚持四项基本原则"的讲话，指出这四项基本原则是不容讨论的，从而为改革设置了底线。

框架内思考问题，受到意识形态和知识眼界的双重局限，对于来自完全不同甚至对立体制模式的理论和政策主张，人们是不可能真正接受和采纳实行的。因此改革方案的选择，最大的可能性就是在原有理论的边际上进行修正、突破和根据实践摸索出的经验来加以调整。这在本质上是制度结构对外部环境包括生产力发展水平的一种适应性调整。

制度结构对环境的适应性调整有两种不同的情况。一种是自发的制度变迁，也就是制度和体制的演化。制度本身作为人们的关系规范和行为规则是重复发挥作用的，也就是不断再生的，具有一定的稳定性。但是制度作用的环境是不断变化的。当环境中细微或剧烈的变化积累到一定程度，使由制度所规约和限定的行为方式已经不适应时，就需要对制度加以调整和改变，以适应变化了的新环境。例如，活动规模的扩大、缩小等累积引起的变化，人口数量和结构的变化，知识的积累、改变和技术变化，自然环境的变化，灾害、战争、动乱等剧烈冲击，文化风俗的改变等，都会引起资源相对稀缺程度的变化，从而改变原有制度的效率，产生制度和环境之间的不适应问题。但是，制度本身并不会"要求"改变，要求改变的是相关的行为主体——人。往往是制度的执行者或者受制度规制的对象，从自身利益出发对相关制度安排做出调整。例如一项具体制度安排的执行人，为了减轻自己的操作成本对制度进行简化，或者为了分散和转移制度风险增加或改变制度的操作程序，或者为了获得寻租收益而添加手续，或者交易主体为了获得制度外的额外收益创设新的制度安排，等等。这些从制度系统和制度结构的末梢即最具体的操作性制度安排开始发生的变迁，并不是宏观制度决策者的主动选择，而是微观主体自发行动的结果，因此这种制度变迁具有盲目性，宏观管理者往往是在事后甚至很久以后才被动地接受既成的事实。

另一种是自下而上的局部改革。局部改革虽然也是对制度结构做出的适应性调整，但它是制度决策者的主动选择，是一种自觉行为，有着比较明确的目标。所以，改革和制度演化有两点显著的不同：一是推动制度变迁的行为主体不同，二是社会的自觉意识在其中发挥着截然不同的作用，改革是由社会的理性引导的行为。

三　局部改革而非所谓的渐进式改革

　　一般来说，自下而上的局部改革是目标有限的改革，并不以体制模式转型为目标，因此不宜称作渐进式改革。因为所谓渐进式改革是和激进式改革相对的概念，这给人造成一种错觉，似乎两种改革都有相同的目标，差别只是采取的策略不同，实现目标的手段和方式有所不同。然而事实并非如此，因此称之为局部改革更加符合实际。例如中国在改革起步阶段（20 世纪 70 年代末期到 80 年代中期）关于改革对象和任务的理解，主要是为了解决经济动力和经济平衡两方面的问题，改革的内容主要集中在激励机制和信息机制方面。其中在第一个方面实行了财政分权、企业利润留成和扩大自主权、恢复计件工资和奖金制度等许多具体的举措，但是并没有试图改变按劳分配这一收入分配领域的基本制度。在第二个方面主要是进行价格和企业上缴税利的调整，并没有放开价格，改变价格形成机制。也就是说，当时的改革并没有也不打算触及元制度。

这种局部改革不仅不会触及元制度，甚至往往还会被认为是对原有体制的"完善"，而不是真正意义上的"修正"和改革。所以在中国改革启动阶段，主流的理论和观念是"回到马克思"，[①] 即以马克思关于未来社会的理论设想为标准，作为指导改革实践的理论依据，来衡量、评价和批评现实。例如，当时连续召开了四次全国性的按劳分配理论讨论会，对经济规律、社会主义发展阶段、社会主义生产目的等理论问题都展开了热烈的讨论。这实际上就是要用传统的马克思主义政治经济学为改革制造舆论和提供理论认识工具。

不可否认，自下而上的局部改革作为一种改革策略，自然也包含决策者控制改革风险的考虑。但是决策者对于改革风险的认识，是站在原有体制的角度进行的思考，并不是对体制转型可能产生的风险和不确定性的理解，

---

① 20 世纪 70 年代末到 80 年代初期，中国"回到马克思"的理论倾向主要表现在三个方面：一是在对社会主义经济的理论研究中主要用马克思来批判斯大林以及经济现实和为改革造舆论；二是成立了众多以马克思主义政治经济学理论范畴为研究对象的学术组织和研讨会，例如《资本论》研究会、经济规律研究会等；三是在高等院校经济系的教学中大大加强了《资本论》和马恩原著的教学。

是为了化解风险而采取渐进的改革策略。例如，邓小平在实行改革开放不久即提出四项基本原则，在实行对外开放时选择设立经济特区进行试验，都清楚地表明了改革目标是有限的。这一点，是理解自下而上的局部改革路径的一个要点。

目标有限的局部改革为什么能成为一条推动体制转型的路径呢？这是因为，局部的改革带来了某种新的体制因素，从而引导改革向着更深层次发展，改革有可能逐步深化直至元制度和制度核发生改变。但是，这种改革的深化发展和体制性质的逐渐变化是出乎改革决策者预料的，而并不是事先设计的改革策略。譬如，中国在1980年提出"三结合"的就业方针，① 大力发展城市集体经济和允许个体就业，本意是为了解决城市巨大的就业压力和下乡知青集中回城出现的社会问题，却在不经

---

① 1980年8月，中共中央在北京召开全国就业会议时提出：在全国统筹规划和指导下，实行劳动部门介绍就业、自愿组织起来就业和自谋职业相结合的方针，简称"三结合"的就业方针。"三结合"就业方针突出强调了发展集体经济，并且使非公有制经济在中国重新获得了合法地位，它标志着我国所有制发展转换了一个新的方向，是经济体制改革中所有制度结构调整的发端，城镇民营经济由此开始复苏。

意间启动了所有制结构调整这扇受意识形态禁锢最严重的闸门。再譬如，企业改革中实行的厂长责任制和优化劳动组合等措施搅动了企业冗员，形成了在职"下岗"和企业内部劳动力市场等特殊经济景观，在无意中扣动了劳动制度改革和建立劳动力市场的扳机，而这也就在最深的基础上使企业的性质由传统的全民所有制蜕变成国家所有制。

由于局部的改革在本质上是对体制结构的一种适应性调整，因此在改革举措和发展路径的选择上都有强烈的"撞击—反射"性质。所谓"摸着石头过河"形象而准确地概括了这种改革方式的特征。尽管自下而上的局部改革是宏观决策主体的自觉行为和主动选择，但是其后续的发展和带来的改革深化并不是其预期和可控的过程，明智的决策者只能顺应形势，因此在一定程度上这种改革又具有演化的性质，所以说，渐进式改革的提法和概括并不准确。

四　过渡性制度安排：平滑转型的机制

局部改革之所以能够成为一条体制平滑转型的路径，

关键在于改革过程中出现了一种新的特殊的制度形式——过渡性制度安排。正是由于一系列过渡性制度安排逐次替代推动着体制结构和性质逐渐变化，才最终实现了体制模式的平滑转型。

　　首先需要明确一点，局部改革并不是对原有体制的补充和完善，这是因为以下三点。第一，两者出现在体制存续过程中的不同阶段，尽管两者都是对具体操作性制度安排做出的适应性调整，但是只有在体制形成和建立过程中的调整才是补充和完善，而在体制建成并且相对稳定运行以后再进行的调整则是改革。第二，尽管两者都是具体制度安排的适应性调整，但是适应的对象不同。补充和完善是对正在建立的体制的制度结构的适应，而局部改革则是对体制的外部环境特别是生产力发展水平的适应。第三，两者调整的依据和动力来源不同。补充和完善是从体制自身的性质和运行逻辑的要求出发，使具体制度安排适应其上层的基本制度，也就是为了使制度安排之间和整个制度结构更加协调而做出的调整；而改革是对变化了的环境做出的适应性调整，因此往往会和其上层的或相衔接的制度安排发生摩擦冲突。总之，对原有体制的补充和完善是服从于既有的体制逻辑和原则的，而改革哪怕是局部的改革也会带来新的体制因素，是对原有体制逻辑的挑战和创新。

作为改革举措推出的新的制度安排，因为是在原有体制框架内进行的局部调整，必然受到原有体制的束缚，带着旧体制的因素，但是作为对变化了的外部环境的适应性调整，其又具有某种新的体制因素，同时具有新旧两种体制的双重性质，因此是一种过渡性制度安排。[①] 例如，中国农村改革中的家庭联产承包经营责任制，国有企业改革中实行的扩大企业经营自主权和经营承包制，价格改革中的生产资料价格双轨制等，都不是直接抛弃旧的体制，而是在原有的体制中注入一种新的体制因素，把新的体制因素纳入旧体制的框架中，从而在一定程度上改变了体制的性质和运行方向。这些改革过程中的制度安排，既不同于旧的计划经济体制，也不是市场经济下正常的制度安排，而是一些同时具有两种体制性质的

---

① 过渡性制度安排的概念分别来源于盛洪和周冰的以下文献。周冰等：《过渡性制度安排与平滑转型》，社会科学文献出版社，2007；盛洪：《外汇额度的交易：一个计划权利交易的案例》，载张曙光主编《中国制度变迁的案例研究》（第1辑），上海人民出版社，1996。

过渡性制度安排。

　　过渡性制度安排遵循的并不是某种单一的体制规则，而其运行的环境又处在快速变化当中，因此必然会带来一些出乎决策者意料的非预期的结果。例如，土地承包后乡镇企业异军突起，价格双轨制引发"官倒"[①]和全民经商热。这是因为局部改革和过渡性制度安排引起制度摩擦。改革中推出的新制度安排虽然是与当时的经济环境相适应的，但是会和更上层的基本制度相冲突。不仅如此，凡是与其存在耦合关系、与其相衔接的其他制度链和体制的功能模块都会出现新的不协调问题，而这些问题都是决策者事前难以预计的，因此会产生一定的混乱。例如，扩大企业自主权后出现了奖金发放失控、所谓"工资侵蚀利润"[②]和消费投资双膨胀的问题，允许行政事业单位收费后出现的"三乱"[③]现象至今都难

---

① 20世纪80年代到90年代，一些党政干部和党政机关违反国家工商管理制度规定，钻价格双轨制的空子，倒买倒卖钢材、水泥、化肥、农药、农膜等紧缺物资谋利的行为，俗称"官倒"。

② 戴园晨、黎汉民：《工资侵蚀利润——中国经济体制改革中的潜在风险》，《经济研究》1988年第6期。

③ 指乱收费、乱罚款、乱摊派，这"三乱"也被称为"老三乱"。"新三乱"则是指乱检查、乱评比、乱培训。

以消除。这种摩擦成本是局部改革的主要成本。一方面，过渡性制度安排由于保留了原有体制的形式，在一定程度上减缓了新制度安排与原有体制的冲突，有利于降低改革的摩擦成本；但是另一方面，由于它使新旧两种体制都产生了扭曲，因此在一定程度上又加剧了改革过程中的制度摩擦。

作为局部改革举措的过渡性制度安排是适应正在变化着的当时的体制环境的，因此会带来效率的提高，产生改革红利。改革红利和制度摩擦就像在池塘里投进石子激起的波纹一样，从最先改革的地方一波一波地向更上层级的制度和其他与之相衔接的制度链和功能模块传递扩散。只有当改革最终扩散到体制的整个范围和元制度层面，使体制性质发生根本性改变的时候，平滑转型才能最终完成。但是由于存在摩擦成本，局部改革可能停滞不前，在每一个新的环节上都可能出现停止、中断和倒退。由于改革过程持续的时间相当长，人们的利益关系和对待改革的态度都会发生变化，前期的改革者可能成为新的既得利益集团阻碍后续的改革，在体制转型尚未完成之前整个体制是不稳定的，因此改革会呈现间断性的一个波次一个波次逐步推进的特征。而这也是其被人们误认为是一种"渐进式改革"的重要原因。

在局部改革的过程中始终面临改革红利和摩擦成本之间的对比和选择问题。从原则上来讲，只有当预期的改革红利大于因制度摩擦引起的秩序混乱和风险损失时，改革才会进一步扩展和深化。改革红利只能来源于资源配置效率的改善和生产者努力水平的提高，因此改革举措必须是能够顺应直接生产者的利益诉求，向生产者倾斜的。中国的土地承包不仅使农户可以拥有自己增加的生产剩余，而且获得了支配包括自己劳动力在内的生产要素的经营自由，结果不仅极大地促进了农业生产的增长，同时还刺激了乡镇企业的发展和农村剩余劳动力的大规模转移。国有和集体企业的承包经营则催生了新兴企业家阶层的涌现。问题的复杂性在于，改革决策和一切决策相同，都是面对未来做出的选择，改革红利和成本都是预期的，特别是在涉及改革决策的社会博弈中成本和收益的承担者往往并不是同一个行为主体。对于究竟什么是改革的成本，什么是收益，不同的社会行为主体会有不同的理解。因此在关于改革决策的社会博弈中，人们的主观认识和思想观念甚至比真实的成本收益更加重要，理论上的突破和创新往往具有决定性的意义。

五　边际循环推进：平滑转型的路径

樊纲和胡永泰在《"循序渐进"还是"平行推进"——论体制转轨最优路径的理论与政策》一文中提出了体制转型的推进路径问题。他们认为，最优的路径和政策选择应当是平行推进。然而事实上，通过局部改革最终实现平滑转型的路径，既不可能是循序渐进，也不可能是平行推进。樊纲和胡永泰对于循序渐进路径的不可能性做了比较充分的论述。理论上的原因是，它没有考虑体制内各种制度间的相互依存、相互制约的关系和制度变迁过程中各种制度必须相互协调或相互兼容的基本要求。从操作的角度来看，不可能事先为不同领域的改革分别设定一个完成的"标志"，以判断以前的步骤是否完成，以及下一步该怎样做。由于改革过程的复杂和内容的多样，单方面的"标志"并没有多大意义，而如果要等待所有方面都达到这个"标志"，就会使整个过程慢得无法进行。① 这里的关键是，由于体制内各领域、各方面的制度之间存在协同作用和耦合关系，因此对任何一个领域、任何一个方面的制度的单独改革都不可能走得太远。一方面，因为受到其他尚未改革的制度掣肘，产生了不协调成本；另一方面，人们无法对某一领域的改革是否"到位"做出判断。因此没有任何一方面的改革可以单独"完成"。

"平行推进"的提法容易使人们产生所有领域的改革同时展开和各领域改革齐头并进的联想。但是由于不同的体制因素的改革速度和新体制的成长速度之间存在差异，即使同时启动的不同领域的改革也不可能齐头并进，因此樊纲和胡永泰主张的"平行推进"改革策略，主要"在于在各个领域内同时进行着部分的改革，尽可能地相互协调、相互促进，而不是相互阻碍"。诚然，他们强调避免改革中产生过大的不协调成本是完全正确的，但是由于局部改革的决策者并不以转型为其改革目标，其改革目标是在改革过程中随着形势的发展逐步推进、动态

---

① 樊纲、胡永泰：《"循序渐进"还是"平行推进"——论体制转轨最优路径的理论与政策》，《经济研究》2005 年第 1 期。

延伸的，因此不可能从一开始就在所有需要改革的领域同时进行改革，因为很多领域和很多方面都是在改革推进的过程才逐步认识到需要进行改革，事实上各个领域的改革同时进行（启动）也是不可能的。因此，现实的改革路径不可能是平行推进的。

在实证研究的基础上我们提出，局部改革是以"边际循环推进"的方式逐步深化和实现体制平滑转型的。首先，改革是在多个领域、多个方面同时启动的，而并不是只在某一领域、某一方面孤立进行的，即局部改革并不是个别领域的单项改革。其次，各个领域的改革都具有"边际"改革的性质，即改革总是从操作性具体制度开始，而不是从基本制度开始。改革初期往往并不触及这一领域的元制度和体制的制度核，所以各个领域的改革都不是"彻底"的改革，而只是局部的改革。最后，不同领域和不同方面的改革的力度和推进速度存在差异，必定是参差不齐的。那些推进速度较快、变化非常明显并且成效比较显著的改革，就会被人们视为改革的"突破口"。然而事实上，改革过程中并不存在类似军事防线一旦突破就可以势如破竹、长驱直入的那种突破口。由于各个制度之间存在相互依存和摩擦作用，推进较快和成效较大领域的改革势头经过一段时间以后就会减弱乃至停顿下来，而下一波次的改革重心又会转向其他改革相对滞后的领域。换言之，改革的重心并不是一个固定的领域，而是在各个不同领域之间运动转移着的。因此，整个改革过程会呈现一种边际循环推进的特征。

由于转型没有完成之前整个体制始终处在不协调、不稳定的状态，新旧两种体制因素之间的制度摩擦既是制度运行的阻力，也是促进改革深化的契机。在每一波次改革之后，新旧两种体制因素之间的摩擦成本最高的地方，就是社会矛盾最尖锐、冲突最激烈的地方，要求改革的压力也最大，达成改革共识相对也比较容易，所以也是改革阻力最小的地方，因此往往就会成为下一轮改革的重心和"突破口"。自下而上的改革就是按着压力最大和阻力最小的原则，采取边际循环的路径逐步推进，就像剥洋葱一样，逐层深入逐渐向元制度和制度核逼近。

与突变式转型相比，自下而上的改革由于实现体制模式转型需要相当长的时间，不可能一蹴而就，往往需要几十年甚至几代人的连续努力才能最终实现，因此存在与秩序崩溃不同的另一种风险和不确定性。这就是在每一个波次的改革浪潮之后，随着改革势头的衰减，都有可能出现停顿、倒退或变性，以致半途而废，造成社会和经济的失序，体制状态长时间处在扭曲和病态中难以自拔，如同一些掉入"中等收入陷阱"的发展中国家一样。因此樊纲和胡永泰建议，永远都要在充分顾及协调性的前提下，尽可能快地在所有领域推进改革！① 这不仅需要决策者具有坚定的改革信念和坚韧不拔的意志，勇于承担自己的历史责任，而且需要形成一种关于改革的文化，从而使每一任决策者都能传递好改革的接力棒，决不拖延和等待。

（本文发表于《天津社会科学》2014 年第 5 期）

---

① 樊纲、胡永泰：《"循序渐进"还是"平行推进"——论体制转轨最优路径的理论与政策》，《经济研究》2005 年第 1 期。

第四篇　过渡性制度安排的适应性效率

内容提要：一系列过渡性制度安排逐次替代是体制平滑转型的推动机制。因为过渡性制度安排能够获得适应性效率，从而为后续的改革持续地提供动力。虽然过渡性制度安排的边际效率递减，但是只要后续改革能够及时推出，整个改革过程的经济效率就会呈现一条波动上升的曲线，推动体制平滑转型。

关　键　词：平滑转型　转型推进机制　过渡性制度安排　适应性效率

一 平滑转型的动力机制问题

笔者在考察从计划经济体制向市场经济体制转型时提出了转型的突变模式和平滑模式的概念。其中平滑转型是指经济体制模式的转型是一个相对比较平稳的改革和演化过程，避免了宪法性秩序的崩溃。平滑转型既获得了体制转型的收益，实现了经济增长，又防止了秩序崩溃造成的混乱，社会付出的代价相对比较低，因此是体制转型的一种理想模式。从体制的制度结构来看，平滑转型只能是一条自下而上的改革路径。在一个制度系统中最基本的制度是元制度，体制的性质和基本特征是由一组元制度共同决定的，这组元制度被称为该体制的制度核。一个元制度往往会派生出多个和多层次的具体制度。由同一个元制度逐级派生的直到最具体的具有直接操作性的制度安排，构成一条制度链。由同一元制度派生出的所有制度安排，也就是多条制度链，共同构成体制的一个功能模块。体制的制度结构就是由制度核决定的众多功能模块共同组成的。体制的制度结构表示在图上，就如同一棵倒置的树。① 从制度结构的树状图来观察，体制模式转型存在两条可能的基本路径：一条是自上而下从元制度开始进行改革，并带动整个制度系统发生改变；另一条是自下而上从具体操作性制度安排改起，逐级推进到元制度层面，直至整个制度核发生变化。无论现实中的改革路径多么复杂多样，就理论逻辑而言，体制转型所有可能的路径都可以抽象简化成这两条基本路径。自上而下的改革必然是突变式转型；自下而上的改革虽然避免了突变式转型所具有的秩序崩溃的风险，但是也存在改革停滞、中断和变性，体制长期处于不稳定、扭曲状态和"带病"运转的另一类风险②，最终是否能实现平滑转型也是不确定的。自下而上的改革怎样才能实现体制的平滑转型？这就是本篇要探讨的问题。

平滑转型并不是一次性的改革运动，而是一个持续较长时期的历史过程，在这个过程中社会生活并不会停顿，经济能不能正常运转并且持续增长，就成为转型能

---

① 周冰：《论体制的制度结构》，《经济纵横》2013 年第 1 期。

② 周冰：《平滑转型的机制与路径——基于制度结构的分析》，《天津社会科学》2014 年第 5 期。

否顺利推进的关键，因此要理解体制的平滑转型就必须研究它持续推进的动力机制。[①] 笔者在《平滑转型的机制与路径——基于制度结构的分析》一文中曾提出，过渡性制度安排是实现体制平滑转型的机制。但是那篇文章只是提出了问题，并没有展开讨论。过渡性制度安排之所以是体制平滑转型的机制，不仅在于它能够减小改革的阻力，有利于改革的启动，更为关键的是它能获得适应性效率，从而为后续的改革提供动力。本篇就此专门展开深入分析。首先分析过渡性制度安排为什么是推动体制平滑转型的机制，然后讨论过渡性制度安排能够获得适应性效率的原因，接着研究过渡性制度安排的边际效率递减，最后给出体制平滑转型过程的效率曲线。

二　作为转型推进机制的过渡性制度安排

过渡性制度安排是在研究中国经济体制改革和转型过程中产生的一个概念。盛洪（1996）首先提出了这一

概念①，周冰等又进一步做了更深入的分析。② 所谓过渡
性制度安排，是一种同时具有新旧两种体制性质的特殊
的制度安排，具有不稳定性和短期性。过渡性制度安排
产生的原因，从改革决策者的角度来看，主要是为了控
制改革风险和在有限理性的约束下应对信息不足的问题。
从这个角度观察，过渡性制度安排有多种不同的类型。
例如，作为改革目标搜寻机制的搜寻型过渡性制度安排；
由于未能预见到后来的发展而作为改革目标推出的，但
后来却演化成为过渡性制度安排的目标型过渡性制度安
排；作为一项大的改革措施化整为零分步骤推出的阶段
型过渡性制度安排；为了缓和改革中的矛盾，采取以退
为进的迂回策略而实行的策略型过渡性制度安排；等等。
本质上，过渡性制度安排的产生是因为转型过程中权利
结构的调整还不到位，是社会权利结构不稳定的具体反

---

① 盛洪的文章中同时使用了"过渡性制度"和"过渡性制度安排"两种提
法。盛洪：《外汇额度的交易：一个计划权利交易的案例》，载张曙光主
编《中国制度变迁的案例研究》（第1辑），上海人民出版社，1996，第
53～82页。

② 周冰：《有限理性和过渡性制度安排》，《天津社会科学》2001年第3期；
周冰等：《过渡性制度安排与平滑转型》，社会科学文献出版社，2007。

映。体制转型是一个社会的权利结构不断调整和变化的过程[①]，社会各方从原有权利结构的基础出发，展开利益博弈，当各方的策略暂时达到一个均衡结果时就形成一种新的权利结构，这种新的权利结构规定了一种新的制度安排。但是转型中的新制度安排往往是不稳定的，很容易发生进一步的变迁，因为社会主体在新形成的权利结构基础上再次展开利益博弈时，又会寻求新的策略以便使自己处于更有利的地位，此前刚刚形成的博弈均衡很快就会被新的均衡所取代，转型也就表现为一系列过渡性制度安排不断被替代的过程。社会主体的博弈策略均衡不稳定，原因基本上可以分为两类：一类是双方的妥协策略造成的均衡不稳定；另一类是有限理性下预期的不确定（或不准确）造成的博弈均衡不稳定。

尽管从一般的稳定的制度安排的角度来看，过渡性制度安排是特殊的，但是在体制转型过程中，过渡性制度安排则是广泛的、普遍的。即便在有明确的理论引导的采取激进改革策略的突变式转型过程中，也会有大量

[①]　商晨认为，体制转型在本质上是一个由利益驱动的权利结构调整过程。商晨：《利益、权利与转型的实质》，社会科学文献出版社，2007。

的过渡性制度安排。这是因为，作为浓缩的信念体系，制度结构不仅体现当代人的政治理念，而且也是历史传统、文化观念、民族习俗几百年乃至几千年演化积淀的一种综合结果，体制转型过程中的各种制度变迁的复杂程度和不确定性，远远超出了人们的认知水平。对于整个体制的制度结构而言，现有的制度理论揭示的不过是冰山一角，对于隐没在水面之下的巨大冰山，目前还是未知的黑幕。那些试图根据某种理论来构建社会制度系统的做法，包括实行社会主义计划经济和向市场经济的激进转型，20世纪人类社会这两次方向相反的体制转型，都是哈耶克所批评的理性的"致命的自负"。人类没有能力设计整个体制及其转型过程，这就决定了必然有大量的制度安排及其变迁，是在决策者的操控之外自发生成和演化着的。由于在整个转型过程中制度结构始终都是不稳定的，因此其中出现和存在过的多数制度安排，都会是过渡性制度安排。

无论就其对于体制转型的意义而言，还是就观察的难度而言，对过渡性制度安排的研究都比对一般的稳定的制度安排的研究更为重要。曹远征甚至认为，过渡性制度安排是研究中国体制渐进变迁的核心。[①] 过渡性制度安排减缓了改革启动时的阻力，降低了体制转型的成本，它把转型变成了一个较为平缓的过程，从而为新体制的形成提供了一个学习过程，因此可以认为，过渡性制度安排是推动和实现体制平滑转型的机制。最重要的是，过渡性制度安排能够获得适应性效率。平滑转型的关键，是要在体制改革的同时实现经济增长，因为作为改革措施的过渡性制度安排往往具有立竿见影的效果，改革能够获得即期剩余，带来红利，因此会进一步增大改革的能量，为后续的改革提供动力。

三　过渡性制度安排的适应性效率

在一定意义上，过渡性制度安排是制度结构的一种适应性调整，是制度结构对已经变化了的外部环境做出的适应性反应。制度结构的适应性调整，可以区分为对外部的适应性调整和对内部的适应性调整。这里的外部

[①] 曹远征：《制度变迁的过渡性与过渡性的制度安排——对〈外汇额度的交易：一个计划权利交易的案例〉的评论》，载张曙光主编《中国制度变迁的案例研究》（第1辑），上海人民出版社，1996，第83~88页。

是指制度结构的外部，即其依存的环境、作用的对象和条件，具体指自然环境、人口、生产力、政治、文化等；内部则是指制度结构自身。任何体制的制度结构都有其统一的运行逻辑，这种由元制度和制度核的性质规定的体制逻辑，通过制度结构的层次性、基本制度对派生制度的制约，贯彻体现到整个制度系统中。制度中各个子系统之间通过或强或弱的耦合作用实现整个体制的功能协同，具体的制度安排之间存在同一个制度链和功能模块内部的强耦合关系和相关功能模块之间的弱耦合关系，以及无关功能模块的制度之间的独立关系。制度结构内部的适应性调整，主要是为了消除不同制度安排以及功能模块之间的不协调，降低体制运行的摩擦成本。制度结构具有相对的稳定性，但是变动是经济生活永恒的特性，所有外部因素都经常和不断地变化，其中生产力是马克思认为最活跃的革命因素，即使人们通常感觉最稳定的地理因素也常常会因为非预期的气候和灾害而产生意想不到的变化。制度结构只有适时地随着外部变化进行适应性调整，才能保持乃至提高其效率。过渡性制度安排因为是针对当时、当地的特定条件做出的安排，适应了特定的行业性质、技术特点、要素禀赋和组织结构，因此能获得特定时点和条件下的最高效率水平，也就是适应性效率。

适应性效率是诺斯提出来的用于对一个经济体制的效率进行定性描述的概念。[①] 它并不是某个具体的效率水平，而是指社会的经济、政治、文化等体制达到有效率的过程和规则，是一种具有按照效率原则进行自我调整能力的体制的性质和特征。市场经济体制是一种典型的具有适应性效率的制度结构。市场经济体制是建立在私有产权基础上的交换经济，是一种开放的网状结构，具有强大的自组织能力，能够灵活应对外部环境和内部环境的变化。因为私有产权为微观主体的勤勉努力、创新试验和冒险提供了永不枯竭的动力；分散化决策提供了多样化选择的可能性，同时降低了社会进行创新试验的风险；竞争一方面给个人分散的试错行为提供了一个以效率为标准的评价机制，另一方面又以无情的压力制造了一个创新的扩散机制，从而能够灵活、有效地消除错

---

① 道格拉斯·诺斯：《理解经济变迁过程》，钟正生、邢华译，中国人民大学出版社，2008。

误，淘汰无效的组织，使个体分散的决策与整个社会经济的效率提高最大限度地保持一致。

然而在现实中我们可以看到，市场经济体制还在发育之中，很不成熟的转型经济反而能够获得比发达的市场经济国家更高的经济增长率，这又是什么原因呢？我们分析主要是由于以下三个方面的原因。

首先，发展中经济潜藏着比发达国家更强大的经济增长动力。因为经济增长的根本动力是社会需求，落后国家与先进国家发展水平的差距，构成了巨大的潜在社会需求。在这个意义上，所有不发达经济本质上都是短缺经济，在经济发展的不同水平上，总是存在一些制约经济增长的供给瓶颈。从消费品短缺到投资品短缺，从资源要素短缺到基础设施短缺，从文化精神产品短缺到公共服务短缺。受落后和无效率的制度结构制约，生产和供给能力总是不能满足社会需要，当前一种短缺得到缓解之后，后一种短缺又会成为新的制约瓶颈。制度结构的调整，哪怕只是局部的有限的改善，都能释放出巨大的经济活力，从而为转型经济注入强劲的增长动力。

其次，资本的逐利性、全球流动和投资引力的作用。

资本是市场经济现代企业生产方式的化身，投资是经济增长最直接、最强大的动力。资本的国际流动主要由投资引力决定。而一国对国际投资的引力大小，与其和资本输出国的人均国民收入的相对水平、两国银行利率的比率以及两国某一同类行业的投资利润率的比率成正比，与两国某一同类行业投资密度的比率成反比。[①] 发展中国家由于资本短缺，银行利率往往较高，发展水平较低和不平衡的结构表明多数行业的投资密度都较低，廉价劳动力和廉价资源，都是潜在的丰厚利润的源泉。当这些国家开始实行改革开放后，交易成本和政治风险就会降低，各种潜在的利润来源就会转化为现实的成本优势，对国际资本形成巨大的投资引力，从而使国际资本向该国聚集，推动经济快速增长。

最后，改革获得了适应性效率。尽管与发达国家相比，转型国家的制度结构还不成熟，特别是自下而上的路径改革，推出的往往是一些不稳定的过渡性制度安排，但是由于它遵循了最少打乱的原则，一方面保证了基本

---

① 王东京：《国际投资引力论》，《中青年经济论坛》1989 年第 2 期。

的社会秩序和正常经济活动的进行，另一方面改革又是针对当时、当地的各种特定条件做出的安排，因此往往能够取得该时点上可能获得的最高效率水平，这就是适应性效率。

四　过渡性制度安排的演化性质和边际效率递减

过渡性制度安排内在的矛盾决定了它是不稳定的，往往是短期的，因此具有动态演化的性质。一般来说，制度都具有稳定性，作为社会生产关系，制度会在社会再生产过程中不断地周而复始地被再生产出来，也就是在经济运行过程中保持自身性质和状态的稳定。过渡性制度安排由于同时包含两种不同的体制因素，具有矛盾的性质，所以是内在不稳定的。因为在经济运行过程中新的体制因素会逐步否定旧的体制因素，使其无法回到初始状态，从而也就否定了自身。因此，过渡性制度安排往往是短期的。① 过渡性制度安排本身的矛盾使其具有

---

① 过渡性制度安排的短期性与临时制度的短期性不同。临时制度作为一种制度安排本身是逻辑统一和稳定的，是在某些特殊条件下针对异常状态做出的安排，当外部环境恢复正常时，这些专门的安排就失去了作用的条件，因而就被废止或自动失效了。而过渡性制度安排的（转下页注）

动态的性质，并且是有方向性的，这就是从旧的计划体制向新的市场体制演化，从而成为衔接两种体制的中介形态和转型的阶梯。正是一系列过渡性制度安排的逐次替代才能最终实现体制模式的平滑转型。

　　以中国的国有企业承包制为例，1987～1993年中国国有工业企业曾经普遍实行承包经营责任制[①]，这就是一种典型的过渡性制度安排。承包制充分反映了过渡性制度安排的内在矛盾、不稳定性和短期性，我们可以此来具体说明它的适应性效率和具有方向性的动态演化特征。

(接上页注①)短期性则是由制度本身的矛盾和不稳定引起的，制度本身的矛盾和不稳定而不是制度环境的外部原因导致人们行为方式的变化，往往在短时期就导致了对自身的否定。

①　承包经营责任制，是指以承包经营合同的形式确定政府与企业之间的责权利关系的企业经营管理体制。其基本特点是在坚持公有制的基础上，按照"包死基数，确保上交，超收多留，欠收自补"的原则，政府主管部门和企业签订承包经营合同，目的是使国有企业成为自主经营、自负盈亏、自我约束、自我发展的独立法人经济实体。承包制从1987年开始在全国范围内实行到1993年结束，是这一时期中国国有企业改革的主要形式。大致分为两个阶段：第一阶段为1987年到1990年底或1991年初，也称第一轮承包。全国预算内工业企业95%以上实行了承包。1990年底或1991年初到1993年为第二轮承包。在1993年第二轮承包结束时，中共十四届三中全会通过了《中共中央关于建立社会主义市场经济体制若干问题的决定》，提出建立以产权明晰为特征的现代企业制度，承包制开始退出中国经济改革的历史舞台。

　　企业承包制的基本含义是，以承包经营合同的形式，确定政府与企业之间的责权利关系，意图使国有企业成为自主经营、自负盈亏、自我约束、自我发展的独立经济主体。从产权关系来看，承包制继续保持国家所有制的法律形式，但是企业拥有了一定的经营自主权，可以享有一定的经济剩余，有了自己独立的经济利益，从而与主管政府分享了剩余控制权和剩余索取权，在事实上改变了企业产权的经济内容。在组织形式上，承包制并没有触动原有计划经济的组织结构，没有改变企业的行政隶属关系和对主管政府的依附地位，但是通过承包合同的形式界定了企业与政府之间的关系，双方在各自利益基础上可以讨价还价，改变了政府对企业的直接行政控制，使企业具有了一定的独立地位。实行承包制的企业可以在一定程度上根据市场行情做出选择，不再完全按照国家计划进行生产。

　　与当时其他各种企业改革方案相比，承包制能够胜出并取得压倒性的优势独步一时，关键的原因有以下两点：一是它的规则简单，是相关当事人在既有知识范围内易于理解和操作的，也就是说创新成本最小；二是它对传统计划体制的触动最小，也就是说符合改革路径选择的阻力最小化原则。它为企业注入了新的市场经济的利益原则、激励机制和契约关系，从而改变了企业和政府的权利关系与企业的行为方式。正如刘世锦所指出的，承包制已经达到了"在维持行政协调框架前提下放权让利的最后限度"。①

承包制改革的矛盾突出地表现在以下三个方面。首先，制度是用来规范人们行为方式的安排，但是承包经营作为一种国有企业的制度安排并不规范，从而引起了企业行为的扭曲和经济秩序的混乱。由于企业承包的形式多种多样，各地各行业承包的具体形式也有差别，具体的承包指标是企业和主管政府在讨价还价过程中确定的，一户一率，同时还存在"鞭打快牛"的现象，企业权利义务标准的不统一、不公平、不规范，带来企业行为的扭曲和经济秩序的混乱。其次，承包制作为一种制度安排不能使企业形成长期稳定的预期，反而导致企业行为短期化。因为企业资产属于国家，而企业又无法对

---

① 刘世锦：《经济体制效率分析导论——一个理论框架及其对中国国有企业体制改革问题的应用研究》，上海三联书店，1993，第236页。

承包期满后的政府行为做出预测，因此企业有强烈的动机追求承包期内企业收入最大化，从而出现了拼设备、耗资源甚至分光吃尽的现象，企业把本应用于固定资产更新和扩大再生产的利润通过各种渠道转变为职工的奖金和福利，使职工实际收入畸形膨胀，即所谓的"工资侵蚀利润"[①]。最后，承包制的激励和约束不对称，企业承包者负盈不负亏。因为直至当时，中国企业职工基本上没有私人财产，包括厂长、经理的工资收入水平都很低，银行也不对个人发放贷款，但是实行承包的工业企业的资产，即使是小企业，也要上百万元甚至几千万元[②]，企业厂长、经理和管理层乃至全体职工作为承包人，根本没有承担企业资产责任的经济能力，结果就只能是负盈不负亏，盈利是自己的，亏损留给国家，实际上无人负责。

企业承包制最初实施的效果非常明显，但是除了头

---

① 戴园晨、黎汉明：《工资侵蚀利润——中国经济体制改革中的潜在危险》，《经济研究》1988 年第 6 期。

② 中国直到 2011 年颁布《中小企业划型标准规定》之前，资产总额都是划分企业规模的三个指标之一，工业企业资产总额在 4000 万元以下的为小企业。

两年之外，其经济效益持续下降[①]，这反映了过渡性制度
安排具有经济效率递减的特征。这是因为，过渡性制度
安排针对的是该项改革起点的状态，尽管在当时的条件
下是一种有效率的选择，但是随着作为改革措施的过渡
性制度安排的实行，相关行为人的利益关系改变了，包
括参与改革博弈的所有行为主体，特别是这种制度的主
要激励对象的效用函数、价值评价标准和主观风险概率
的评价，都会随之发生改变。首先，在过渡性制度安排
的双重性质中，虽然保留下来的熟悉的旧体制因素为人
们提供了安全感，但是新体制因素使人们开始有了一种
新的体验，形成了新的认知和欲望动机。其次，由于过
渡性制度安排带来利益关系的变化，各个相关行为主体
的实力地位和参与社会博弈的谈判能力也都发生了变化，
主要当事人不再满足于原有格局下做出的现行安排，而
会要求进一步地改变，以实现新的利益目标。因此，过
渡性制度安排的激励作用很快就会衰减、消失甚至为负，
相应的，经济效率也会迅速下降，从而印证了黄少安提

[①]　北京大学中国经济研究中心发展战略研究组：《中国国有企业改革的回顾
与展望》，2000 年 NO. C2000006。

出的"同一轨迹上制度变迁的边际效益先增后减"的理论假说。[①]

五 平滑转型的效率曲线

一项过渡性制度安排作为改革措施虽然适应了体制外部环境的变化，从而提高了经济效率，但是会引起制度结构内部两方面的不协调：一是该项过渡性制度安排与位于其上面的基本制度之间的不协调，二是与其存在耦合关系的其他体制功能模块之间的不协调。这两种不协调都是改革的摩擦成本。为了消除这种制度之间不协调的摩擦成本，就必须将改革向更深层次推进。摩擦成本既是过渡性制度安排效率递减的原因，也是推动改革进一步深化的动力和契机。例如，国有企业改革的深化和自主性的增强必然与原有的行政附属地位发生冲突，从而成为推动政府机构改革的最重要、最强劲的动力。

---

① 黄少安：《关于制度变迁的三个假说及其验证》，《中国社会科学》2000年第4期。李怀也研究了制度的效率递减。他提出，"任何制度的效率在一定点上都会出现递减的趋势"，但是"只要允许重复博弈，制度的效率就不会为零"，见《制度生命周期与制度效率递减》，《管理世界》1999年第5期。

20 世纪 80 ~ 90 年代三大国有企业改革措施（扩大企业自主权、承包经营责任制、公司制改革）推出之后，接着进行了政府机构改革，裁撤合并产业主管部门。[①] 虽然过渡性制度安排由于存在边际效率递减，经济效率的提高是短期的，但是后续的改革又会阻止效率下降，并推动效率进一步提高。在体制平滑转型的整个过程中，随着一系列过渡性制度安排的逐次推出和替代，经济效率会呈现一个波浪式的提高过程。这可用图 1 中的曲线 R 来表示。

图 1 中的效率曲线 R_i（含虚线部分）先升后降，呈倒 U 形，表示作为改革措施的过渡性制度安排具有边际效率递减的性质。但是在接连不断的改革过程中，当前一项改

[①]　在改革开放以来的 30 多年中，中国政府分别在 1982 年、1988 年、1993 年、1998 年、2003 年和 2008 年进行了 6 次政府机构改革。其中前 4 次政府机构改革都把撤并和精简机构作为改革的主要内容。1982 年政府机构改革，国务院工作部门由 100 个减少到 40 个，省级政府部门由 70 个左右调整为 40 个左右。1988 年的改革，国务院部委由 45 个减少为 41 个，工作人员裁减了 7900 余人。1993 年的改革，国务院工作部门之前的 86 个减少到 59 个，人员精简了 20%。1998 年政府机构改革，国务院组成部门（除办公厅外）由 40 个减为 29 个，各部门内设司局级机构减少 200 多个；机关人员由 3.2 万人减为 1.6 万人；省级政府工作机构由平均 55 个减为 40 个，平均减少 20%；人员精简 47%，共减编 7.4 万人。

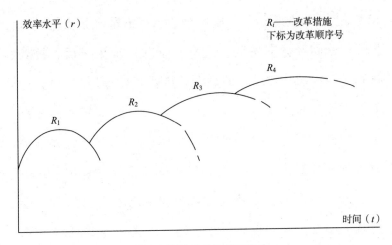

图 1　平滑转型的效率曲线

革措施的过渡性制度安排的效率开始下降时，由于后续改革的及时推出，又一次提高了经济效率，避免了经济效率下降引起的大幅波动。整个改革过程，随着一项项过渡性制度安排的逐次推出和替代，实现了经济效率的波浪式提高，这就是图 1 中由 R_1、R_2、R_3、R_4……共同组成的整条曲线 R（实线部分）。由于整个改革过程中的经济效率不断提高，为社会提供了不断增大的经济剩余，从而减缓了改革中的各种矛盾，不断为改革注入新的动力，因此体制转型过程得以平滑地推进。

　　在缺乏理论指导的情况下，这个过程是如何导致旧的计划经济体制不断向市场经济的方向转变的呢？笔者过去曾经对此做过分析。[①] 首先，这是因为过渡性制度安排只是一项局部的和不彻底的改革，而改革的不彻底，留下了后续改革的接口。从某种意义上来说，过渡性制度安排的这种后续可加性为改革的持续和深化提供了契机。其次，作为改革措施的过渡性制度安排是针对当时、当地特定的体制环境和条件做出的适应性调整，具有适应性效率，当期就能得到一个增大的经济剩余。过渡性制度安排的这种速效性有利于增强改革动力，减少改革阻力，推动改革深化。但是改革要能在当期即刻见效，最根本的是改革措施必须向生产者倾斜，使生产者获益。也就是说，在改革项目的选择上，必须实行生产性改革先行的原则。制度本身具有利益分配的功能，因此任何改革都有分配效应，但是只有同时能够促进经济效率提高和经济增长的改革才具有生产效应。我们把具有生产效应的改革定义为生产性改革，把没有生产效应的改革定义为分配性改革。只有向生产者倾斜的改革才是生产

---

① 周冰等：《过渡性制度安排与平滑转型》，社会科学文献出版社，2007，第 42～46 页。

性改革，这是显而易见的道理。

那么谁是社会的生产者呢？这个社会经济中最基本、最核心的问题，并不能简单地从经济学教科书中直接找到答案。一般来说，生产者是指从事人与自然之间物质变换并且为社会创造价值的人。但是社会财富的价值创造首先是一个资源配置的决策问题，因此在市场经济中企业和企业家是最主要的生产主体，其次才是投资决策的执行者和劳动操作者，因为他们的努力程度直接关系着经济效率的高低。但是计划经济体制中并没有与市场经济体制相对应的生产者及其他各种行为主体。计划经济的生产职能是由政府各相关职能部门和作为基层单位的企业共同承担并被分解了的，而作为意识形态的劳动价值论对社会生产职能的曲解，使得谁是社会生产者的认识更加混乱，这就造成转型经济在改革的每个阶段都会遇到选择的困难。

由于效率提高、经济增长或者说生产力发展具有自增强的正反馈性质，因此向生产者倾斜的过渡性制度安排会自发地产生向市场经济方向演化的倾向。但是自下而上的改革是否能够最终实现体制的平滑转型，则取决于主流的思想意识和价值观念的转变。因为构成任何一个经济体制制度核的那些元制度，都包含社会对经济生活的理解，都取决于社会的知识水平和价值观念。当改革深入元制度层面时，究竟是继续推进改革从而实现体制模式的平滑转型，还是就此停顿下来，甚至倒退、反复折腾，并不是一个单纯的经济效率问题，也不是纯粹的经济问题，而是一个依赖社会主流价值观念的选择问题。与改革的启动依赖思想解放一样，平滑转型的实现和最终完成同样有赖于思想解放和理论观念上的突破。

（本文发表于《经济学家》2014 年第 6 期）

参考文献

［1］A. 林德贝克：《新左派政治经济学》，张自庄、赵
人伟译，商务印书馆，1980。

［2］艾登姆等：《经济体制》，王逸舟译，生活·读书·新
知三联书店，1987。

［3］北京大学中国经济研究中心发展战略研究组：《中国国
有企业改革的回顾与展望》，2000 年 NO. C2000006。

［4］布坎南：《自由、市场和国家》，吴良健等译，北京
经济学院出版社，1988。

［5］布伦南、布坎南：《宪政经济学》，冯克利等译，中

国社会科学出版社，2004。

[6] 曹元坤：《从制度结构看创设式制度变迁与移植式制度变迁》，《江海学刊》1997年第1期。

[7] 曹远征：《制度变迁的过渡性与过渡性的制度安排——对〈外汇额度的交易：一个计划权利交易的案例〉的评论》，载张曙光主编《中国制度变迁的案例研究》（第1辑），上海人民出版社，1996。

[8] 戴园晨、黎汉明：《工资侵蚀利润——中国经济体制改革中的潜在危险》，《经济研究》1988年第6期。

[9] 丹尼尔·W.布罗姆利：《经济利益与经济制度——公共政策理论的基础》，陈郁等译，上海三联书店、上海人民出版社，1997。

[10] 道格拉斯·C.诺斯：《制度、制度变迁与经济绩效》，杭行译，上海三联书店，1994。

[11] 道格拉斯·C.诺斯：《理解经济变迁过程》，钟正生、邢华译，中国人民大学出版社，2008。

[12] 邓小平：《关于科学和教育工作的几点意见》，载《邓小平文选》第二卷，人民出版社，1994。

[13] E.纽伯格、W.达菲：《比较经济体制》，荣敬本

等译，商务印书馆，1984。

[14] F. 布鲁斯：《社会主义经济运行问题》，周亮勋等译，中国社会科学出版社，1981。

[15] 樊纲、胡永泰：《"循序渐进"还是"平行推进"——论体制转轨最优路径的理论与政策》，《经济研究》2005 年第 1 期。

[16] 关海庭：《中俄体制转型模式的比较》，北京大学出版社，2003。

[17] 哈耶克：《法律、立法与自由》，邓正来等译，中国大百科全书出版社，2000。

[18] 黄少安：《关于制度变迁的三个假说及其验证》，《中国社会科学》2000 年第 4 期。

[19] 李怀：《制度生命周期与制度效率递减》，《管理世界》1999 年第 5 期。

[20] 林毅夫：《关于制度变迁的经济理论：诱致性变迁与强制性变迁》，载科斯等编《财产权利与制度变迁——产权学派与新制度学派译文集》，刘守英等译，上海三联书店，1991。

[21] 刘世锦：《经济体制效率分析导论——一个理论框

架及其对中国国有企业体制改革问题的应用研究》，上海三联书店，1993。

[22] 马克思：《政治经济学的形而上学》（《哲学的贫困》第二章），载《马克思恩格斯选集》第1卷，人民出版社，1972。

[23] 青木昌彦：《比较制度分析》，周黎安译，上海远东出版社，2001。

[24] 青木昌彦、奥野正宽：《经济体制的比较制度分析》，魏加宁等译，中国发展出版社，1999。

[25] 萨克斯、胡永泰、杨小凯：《经济改革与宪政转型》，《开放时代》2000年第7期。

[26] 商晨：《利益、权利与转型的实质》，社会科学文献出版社，2007。

[27] 盛洪：《外汇额度的交易：一个计划权利交易的案例》，载张曙光主编《中国制度变迁的案例研究》（第1辑），上海人民出版社，1996。

[28] 王东京：《国际投资引力论》，《中青年经济论坛》1989年第2期。

[29] 王婷婷：《适应性效率的理论探讨》，浙江财经学

院学院硕士学位论文，2010。

[30] 王玉海：《平滑转型推进的动力机制》，社会科学文献出版社，2007。

[31] 卫兴华、顾学荣主编《政治经济学原理》，经济科学出版社，1988。

[32] 殷成年、袭长城：《篮球》，人民体育出版社，1995。

[33] 詹姆斯·M.布坎南、戈登·塔洛克：《同意的计算——立宪民主的逻辑基础》，陈光金译，中国社会科学出版社，2000。

[34] 张仁德：《比较经济体制学》（修订版），陕西人民出版社，1998。

[35] 张曙光：《制度·主体·行为——传统社会主义经济学反思》，中国财政经济出版社，1999。

[36] 张旭昆：《制度系统的结构分析》，《数量经济技术经济研究》2002 年第 6 期。

[37] 周冰：《经济体制》，载张卓元主编《政治经济学大辞典》，经济科学出版社，1998。

[38] 周冰：《有限理性和过渡性制度安排》，《天津社会科学》2001 年第 3 期。

［39］ 周冰等:《过渡性制度安排与平滑转型》,社会科学文献出版社,2007。

［40］ 周冰、靳涛:《经济体制转型方式及其决定》,《中国社会科学》2005 年第 1 期。

［41］ 周太和:《国民经济体制》,《中国大百科全书·经济学》第 I 卷,中国大百科全书出版社,1988。

［42］ 周振华:《体制变革与经济增长——中国经验与范式分析》,上海三联书店、上海人民出版社,1999。

［43］ 佐牧:《论我国经济体制改革的"目标"和"底线"》,《经济研究》1990 年第 1 期。

［44］ Kornai, Janos, "What the Change of System from Socialism to Capitalism Does and Does not Mean," *Journal of Economic Perspectives*, Vol. 1, No. 1, Winter 2000, pp. 22 – 27.

附录 I 与商晨的通信讨论

说明：商晨作为本课题组成员参加了部分研究工作。笔者在与他通过电子邮件进行的交流中对本课题的理论意义、基本概念以及制度经济学方法论等问题展开了讨论，这包括本人给商晨的三封信和商晨的两封回信。在这些信中，我们提出了本课题所要研究的理论问题是"为什么局部的和渐进的改革推动的体制转型是可能的"，并对体制与制度的区别、制度与组织的区别、元制度的概念，以及个人主义方法论在制度研究中的局限性等问题做了分析。

一　给商晨的第一封信

商晨：

　　我因一个星期没上网，所以比较晚才收到你的文章，收到时又正忙着看博士生的毕业论文，接着又看硕士生的开题报告，因此没有及时看你的邮件，也没有立即给你回信。现在才回复，抱歉！

　　看了文章才发现，你对我的意图领会有误。我们这个课题研究"过渡性制度安排和适应性效率"，从根本目的上说是为了解决和回答"为什么局部的和渐进的改革推动的体制转型是可能的"这样一个问题。这是 20 世纪社会主义国家的两种方向的两次转型中提出的问题。在两次转型过程中出现了两次理论争论，占主流地位的理论结果与实践效果正好相反。尽管人们已经进行了很多研究，提出了各种不同的理论解释，但是至今为止这个问题并没有在理论上得到比较完满的解决。我的解决办法是提出一个过渡性制度安排作为解释的工具，这比前人的认识已经有所深入。但是，什么是过渡性制度安排，为什么以及在什么条件下才会产生过渡性制度安排，过渡性制度安排在体制转型过程中是如何发挥作用，从而实现体制的平滑转型的？这些问题还没有很好地解决。而要解决这些问题就必须对体制内部结构进行深入分析，也就是说，要分析一个体制内部的各种制度安排之间的相互关系，研究它们之间的协调、配合和耦合关系；研究它们在什么条件下允许彼此发生变动，在什么条件下能够与异质的安排相容而不破坏秩序，也就是说还能正常地发挥各自的功能；研究这种局部的改革和变化在什么条件下仍然可以保持原体制的性质，在什么条件下才能使体制的性质发生改变，不能再回到原来的状态去。这个课题就是要直接研究和解决这些问题，而不是一般地、笼统地回答上述问题。

为此，就需要严格区分体制和制度这两个概念。但是在英文文献中，这两个概念并没有区分，存在混淆，特别是英文中并没有与中文中的体制和制度这两个概念严格对应的词语，因此我们首先要对这两个概念进行仔细的辨析，以使其在理论上能够确立。这是这个课题研究的第一个重点，它构成了整个课题后续研究的基础和前提。

这项工作本身其实并不太难，问题是需要阅读大量的文献。文献的翔实和学理上的严格精细是这项工作成功的关键。在我给你的"研究计划"中基本表明了这一点。我之所以找你来做这件事，主要是考虑到你教制度经济学课已好几年，掌握的文献资料比较多，比别人更方便一些。你现在的这篇文章没有在这个问题上下功夫，既缺乏深度，也没有多少新意。想就转型经济学和制度经济学中的上述根本问题在一篇论文中彻底解决，既不可能，也无价值。

之前发给你的我过去写的文章《论制度范畴》重点讨论了制度的分类问题，现在发给你的《体制的内部结构》是王婷婷硕士论文中的一节，其实是我的思想。这两篇文章都有助于你理解我关于体制内部结构的思想。而《转型经济学在中国的兴起和学科定位》（发表在《社会科学战线》2008 年第 6 期上）一文的第一节，则表达了我对体制和制度两个概念的看法。这些都供你参考。

不知你是否同意我的观点？对让你做这件事有什么不同意见？如果你不能接受我的观点，或者对写这篇文章感到有困难，都请及时告诉我。我再重新做安排。我计划 3 月下旬杭州不太冷了再回学校。到时有事就可以面谈了。

周　冰

2011 年 3 月 5 日

二　商晨的第一封回信

周老师：

您好！看了您的回信我挺惭愧的，我知道写作过程比较仓促，有很多问题可能还需要深入研究，但说实话我的态度其实是认真的，提纲我是经过认真思考和推敲的。这几年我自己没怎么搞学术，以至于 2008 年您发表在《社会科学战线》上的文章都没有看过，您的想法我可能没有完全领会，导致从一开始我的思路就和您的想法不一样。看了您发过来的两篇文章，我现在对您的想法比较了解了，不过有一些想法还是想跟您谈谈，就当是让您补补课吧。

在《转型经济学在中国的兴起和学科定位》中，您认为体制和制度是完全不同的事物，体制是组织结构和存在方式包括经济主体本身，而制度是主体间的规则。我以前不知道您的观点是这样的，所以就按照自己的理解写了。我的观点其实和您批判的罗兰或者盛洪的观点是一样的。您认为体制转型是组织发生根本的变化，但我认为转型后人还是那些人，组织的变化其实就是人与人关系的变化。在康芒斯的《制度经济学》中，他把所有人与人的关系看作交易，交易是制度经济学分析的基础单位，交易本身含有"冲突、依存和秩序"的要素，交易中人与人的关系是相互冲突又相互依存的，要确保交易的秩序就需要"运行中的机构"包括家庭、公司、工会、同业协会直到国家本身，这种"运行中的机构"我们称为制度（商务印书馆1962年版，第73页和第86页）。从康芒斯的论述中其实可以看出，组织也就是运行中的机构的作用就是规范人们的交易，或者说人们的关系，组织的变化其实就意味着人们关系的变化，而制度就是人们关系的规范，所以说组织的变化和制度的变化其实是一回事。体制转型是组织的变化，但归根结底是人与人关系的变化。实行计划经济体制时整个社会像一个企业，人与人间的交易类型是"管理的交易"；而在市场经济体制中，人还是那些人，但主要的交易类型是"买卖的交易"。交易类型的变化决定了机构或者组织的变化，组织的变化并不是转型最根本的特征，交易类型的变化或者人与人关系的变化才是最根本的。所以我认为体制和制度本质上是一致的，区别只是一个是宏观概念另一个是微观概念。

在王婷婷的文章中，她提到了青木昌彦的"元制度"，其实他的"元制度"和我们所说的决定体制特性的"元制度"是两回事。青木昌彦是为了找到一个分析的逻辑起点而提出"元制度"的，他的元制度是指最早出现的习俗性产权，是在公共产权基础上由惯例出现的排他性产权，所以说他的元制度是指最早的、最原始的规则，是一个时间概念，而不是最根本、最重要的。而我们的"元制度"其实是当前体制中决定体制品性的制度，原始的习惯性产权和我们要讨论的是完全不同的两个概念。

后来王婷婷认为宪法就是元制度，那么宪法的原则又是什么呢？其实宪法也是建立在产权关系上的。卢梭

在《社会契约论》中，认为法的基础是社会契约，社会
契约的基础是公意，公意的基础是共同利益，所以法的
基础是共同利益（这是我在网上查到的，我没有看过
《社会契约论》）。法的基础就是物质关系或者说利益关
系，物质利益关系变化了，宪法也要修改。

我认为元制度其实不应当是抽象的，看不见、摸不
着的，只通过其决定的派生制度影响人们的关系，我认
为元制度其实也是具体的制度，只是更基础、更重要而
已。产权制度就应当是一种元制度，虽然它们可以决定
其他制度，但我认为它们都是直接作用于人的，派生制
度只起补充作用，不能说元制度只影响派生制度，作用
到人的都是派生制度，我在现实中想不出有哪种制度具
有这样的属性。

三　给商晨的第二封信

商晨：

你好！你提出的组织变化与制度变化是不是一回事，
元制度的性质及其与派生制度的关系两个问题，涉及制
度经济学中一些最基本的概念问题。可以看出你的理解

基本上是属于新制度经济学的，但你可能知道，我从来不称自己是新制度经济学家，原因就是在这些最基本的概念上存在不同的认识。我在南开大学给硕士研究生讲制度经济学课时都系统地讲过，有的在给博士生讲课时也讲过，因为不是很系统，可能没有引起你的注意。

首先，制度、组织和技术三者的关系。制度是一定范围内人们共同承认并普遍遵循的关系规范和行为准则（这是我给制度下的定义，以下所涉及的定义都是我自己的定义，因此和流行的定义都存在一定区别）。制度作为人们的行为规则并不等同于人们的行为和行为方式，其作用在于对人们的行为做出某种规定，从而塑造人们的行为方式。组织依靠两类不同的制度支撑其运转，一类是确定和规范人们相互关系的制度，可以称为结构性制度；另一类是针对人们的行为进行激励和约束的制度，可称为刺激性制度。但是，制度并不能决定组织的存在和性质，组织是一个具有共同的利益目标、存在密切的内部信息联系、具有行动能力的社会实体。任何组织都有其特定的社会经济职能，存在自己特殊的内部结构，具有自己独立的（即与其他社会经济行为主体不同的）

利益目标。从组织的定义可以看出，构成组织的三个要素都不是制度。组织的存在和运转依赖制度，但是组织本身并不是制度，两者是不同的事物，各有其自身的属性和特征。制度和组织的根本区别在于，制度只是人们的关系和行为的规范和准则，并不是人群本身；而组织是一个实体，是这些人和他们的关系与行为本身。也就是说，组织是行为的主体，制度则没有行为能力，自身不会行动。

　　人们一般都把制度和技术完全区别开来，不会把它们当作相同的东西，但是制度和技术存在同源和等价的关系，两者产生的最初原因和基本功能都是：避免危险和保障安全、节约决策劳动以提高决策效率、协调行动以提高操作效率。两者都是对人的行为做出的某种规定，只不过制度是针对人与人的关系和人们的利益关系的行为规则，技术是针对人与自然的关系和生产效率的行为规则。这里的要害是，必须理解组织是一个实体，具有自己的利益和行为目标。

　　新制度经济学的根本缺陷是把组织分解还原为个人，这是由其个人主义的分析方法所决定的。制度的根本作用就是将个人整合成一个整体，正因为每个个人都有自己的利益目标，因此这种整合就不是一件简单容易的事情。管理学的全部内容就是围绕着集体目标和个人利益的矛盾展开的，要是离开了集体目标和共同利益，管理学也就不存在了。新制度经济学对这样一个显而易见的基本事实却置若罔闻、视而不见。其实，制度经济学的基本原理可以概括成一个词，这就是"集体理性"。如果完全相信个人主义的分析方法，无视集体理性，实际上就是消灭了制度经济学本身。

新制度经济学坚持完全的个人主义分析方法，自然就会用契约论的方法来分析制度。新制度经济学将企业、产权最终都归结为契约，并且用契约来解释各种非市场的社会关系，但这并不妥当。契约只能是平等主体之间达成的一致同意的协议，也就是当事人双方必须都是拥有自主选择权的独立的行为主体，当一方没有独立地位、选择条件和选择能力时，就无所谓的契约。奴隶制下是不能直接套用契约论来分析论证的。黄世仁和杨白劳关于喜儿的卖身契能称为契约吗？从这里可以看出，新制度经济学这种把契约泛化的做法实际上是一种静态的社会制度观，即把市场经济下的制度和社会关系看作永恒的和在一切社会条件下都适用的关系，是缺乏历史和发展变化的观念，因而是不能随便套用在其他社会历史下的。

其次，体制的概念和体制与制度的关系。最初，我曾经把体制理解为一个经济社会体的制度系统，或者一套系统的制度，但是这种理解和我提出的分析体制及其转型的"结构－主体－机制"方法不协调，存在概念口径上的冲突。经过进一步的研究和从马克思以及比较经济体制理论中受到的启发，我得出现在的结论，"体制是一个社会经济体存在的形态和结构，包括其中的组织机构等行为主体，他们的利益目标及其相互关系，相关的制度规定和社会经济功能实现的机制"。因此，它与马克思的生产方式或社会形态的概念更接近。我发表在《社会科学战线》上的文章中说它是经济社会系统的"硬件"也不准确，当时只是为了表达它与制度的区别，因为制度的确是"软件"。

要真正深刻理解体制的概念，有两个方面非常重要：一是它反映一个社会经济存在的形态，也就是通常人们说的体制模式；另一个是它的内部结构。元制度和派生制度等相关的一系列概念都是由此提出来的。元制度的性质和特点，诚如你所言，并不是抽象的、看不见摸不着的，只是它的原则性和更广泛的适用性使它比较"抽象"，这是和具体制度的操作性相对的。例如，宪法和具体法律之间、法律条文和最高法院的司法解释之间、国务院的政策条例和各地方政府的实施细则之间都是这种关系。基本制度和具体制度的关系是本原性和派生性的关系，因此它们之间存在如下关系：基本制度决定具体制度；具体制度是基本制度的具体化，体现和贯彻基本制度的原则精神，但是也对基本制度具有一定的制约作用，也就是具有一定的反作用。基本制度和具体制度的划分是相对的，同一个制度安排在不同层次上的地位是不同的，对于其上位的制度来说是具体制度，但是对于其下位的制度来说又是基本制度。但是只有最基本的制度才是元制度，它是一个经济社会体中所有的制度安排的本原，因此是绝对的基本制度。

从元制度出发加以考察，不同的制度之间存在两类关系，一类是横向的并列关系，另一类是纵向的从属或派生关系。不同的元制度之间以及由不同元制度派生出来的制度系列之间不存在从属性，它们是并列关系。一组元制度构成一个体制的制度核，包括在制度核中的元制度一个不能多，也一个不能少，它们共同决定体制的基本性质和特征，即所谓体制的性质或品性，正是这种性质或品性决定一个体制的模式。所谓转型，即体制模式的改变，就是体制的这种性质或品性的变化，也就是元制度的改变。我们把由一个元制度派生出来的整个制度系列称为制度链，一个制度链就是体制中的一个功能模块，它在体制的制度系统中具有相对的独立性。因此当一个制度链单独发生改变时，体制仍然能够保持其基本的功能，也就是说，能够维持其生存，这是体制能够局部改革和平滑转型的根本原因。

四　商晨的第二封回信

周老师：

您好！您的回复我仔细看过了，但还有一些问题想和您再讨论一下。很有意思的是，我发现您在给我的回复里最后一段对体制转型的描述中提到"所谓转型，即体制模式的改变，就是体制的这种性质或品性的变化，也就是元制度的改变"。而您在 2008 年发表于《社会科学战线》上的文章中，对体制的定义是"体制这个概念指的是一个社会经济体的组织方式和存在形态，具体包括这个社会经济体的结构（组织结构和利益结构）、行为主体和调节机制"。我觉得您也会不自觉地将"制度"和"结构或者组织"当作同样的事物。

让我们先抛开学派的标签，其实在制度经济学研究中，有人就将制度定义为组织，比如青木昌彦提到的博弈论的制度观，当然这种观点太片面，我也不同意。但是如果反过来，把组织看作制度，我觉得基本上是成立的。其实在威廉姆森的交易成本理论中，他认为交易是具有交易成本的，为了将交易成本降低使双方合作，需要通过交易的治理结构，不同的交易类型需要不同的治理结构。这种治理结构并不一定就是具体形态的组织，在一些情况下是企业，在一些情况下有市场关系就够了，这就是市场治理。还有一种情况，是介于市场和企业间的关系，比如特许经营，双方是相互独立的，但一方要对另一方进行严格的控制。所以组织和制度从功能上是一样的，没必要区分开。康芒斯其实也是一样的观点。甚至有一些人干脆将市场和国家也当作组织，比如菲吕勃腾在《新制度经济学：一个交易费用范式》中论述的观点。当然我们没必要讨论广义的组织，这里只讨论最直观的组织类型即企业。

我猜您一直强调组织的功能和目标跟您长期关注计划经济体制下的企业行为应该有一定的关系吧。计划经济体制中的公有制企业都有严格的分工，目标明确而且强调集体利益，但我认为这些企业严格来说不是一个组织，它只是更庞大的组织即计划经济的一个部门。就像一个日本经济学家（小宫隆太郎）曾经说过的，当时中国没有企业，只有车间。这些部门没有独立的行为能力，其实跟市场经济中公司的一个部门或者事业部是相同的，它当然有具体的目标，但这都是上级分配的任务。这种组织我认为应当属于您概念中的功能模块，而不是真正意义上的组织。就像说人是一个有机体，而一个手指头单独拿出来是不能作为一个有机体的，公有制企业不应当成为基本的研究单位。我认为组织的根本特征不是集体利益，每个人都是自利的，但如果不对自利行为加以约束则可能出现双输的结果，比如囚徒困境。这就需要一套稳定的制度来约束大家的行为，使每个人的利益都比没有约束时要好，这套制度有时就是由组织提供的。但其实每个人都不是为了集体利益而加入组织的，只是知道只有采取合作满足对方的利益，自己的利益才可以实现。管理其实主要也是为了满足老板的需要，有些管理对员工是很残酷的，老板是为了最大化自己的利益才选择这种管理的，但即使对他个人来说这种制度也并非效用最高。米勒在《管理的困境》中认为，现代管理发现，如果员工对企业有认同感，企业文化的建立可以提高效率、增加利润，新的管理制度才会逐渐被采用，如果仅仅使员工心情愉快但老板利益受损的话，这种管理制度便不会兴起。其实委托－代理理论的思想也是这样，满足自己利益的前提是首先满足对方的利益。公司的确是一种力量很强大的组织，前段时间中央电视台有一个专题片《公司的力量》就是说这件事。但从公司的起源看，公司只是将想赚钱的个人的力量组织起来，比如跨海贸易或者修建运河，并且通过制度比较好地保护个人利益而已，每个人都是为了自己的利益而加入公司的。

公司产生的巨大作用应当看作是将社会中的个人发动起来追求自己利益的结果，无论是股东还是员工都不是为了社会的利益而工作的，要使公司的运作满足社会的利益需要国家的监督和干预。这方面一放松公司就会产生巨大的危害，比如金融危机以及中国煤矿中频发的矿难。所以，我是不同意您关于组织的目标是集体利益的提法的，计划经济下企业效率低下的一个重要原因正是没有考虑个人利益，即使计划价格可以反映资源的稀缺程度，也只有理性的消费者和厂商才会对这种价格信号做出反应从而使资源重新配置，而厂商的理性归根到底是企业中个人的理性，没有个人理性，集体利益只是一条标语而已。

生产方式除了生产力就是生产关系，生产力是由技术代表的，生产力前进了生产关系就要变革，生产关系显然属于制度的范畴，组织仅仅是为了适应技术的变化而创新的，是从属于技术的。马克思的理论中除了技术就是制度，其实没有给组织留下什么位置。而技术的变化规律是什么？为什么会发生工业革命，马克思没说，诺斯认为也是制度的因素，是专利法等制度保障了技术创新的产权，鼓励了创新。所以我认为，归根到底还是制度，组织是因变量而非自变量。

我觉得您关于体制转型中制度核和制度链的思路和拉卡托斯关于理论范式的观点有点像，不知道您是不是受他的启发。但我觉得体制核由几种元制度构成的想法还有点问题。首先，我觉得一个理论范式可以有几个方面的基本假定，缺一不可而且没有主次之分，决定几种元制度的大概是哪几个方面的因素？是组织的存在类型和经济机制吗？那这几种元制度之间又是什么关系？是平行的还是有依存关系？如果有依存关系，那最根本的那个就是元制度，其他的就是派生制度。比方说，只要有得到保护的私人产权，市场经济自然就会运行起来，与其他因素的关系都不大。我觉得理论还是越简单清晰越好，比如弗洛伊德就从性的角度来解释人的行为，弗里德曼就从货币的角度来解释通货膨胀，虽然可能不全面，但让人印象深刻，不全面的方面就让其他理论去补充吧。其次，我不知道您是否已经对元制度的类型有大概的判断，我觉得除非我们能总结出究竟有哪几种元制度，否则最好不要笼统地用抽象的 A、B、C 来表示，这是不能证伪的。

我想到哪里就说到哪里，没有什么条理，周老师可能会感觉比较乱，不好意思，希望您能多给予指导，您觉得哪里有问题就批哪里，不用太讲究，呵呵。

五　给商晨的第三封信

商晨：

你对我的思想从四个方面提出了质疑：第一，我也会"不自觉地将'制度'和'结构或者组织'当作同样的事物"；第二，组织有没有独立于成员的自己的目标和共同利益；第三，制度和组织究竟是什么关系；第四，用一组元制度来解释体制品性破坏了理论的简单性。归纳起来实际上是两个问题，前三点所质疑的实际上是同一点，即制度与组织的关系，后一点的实质是如何理解理论的简单性。下面我就来分别回答。

究竟什么是组织，组织是不是能够完全分解为它的成员的关系，从而解构为一套制度呢？你认为不存在集体利益，也就是说，组织没有独立于其成员之外的自己的利益和行为目标。这是我们分歧的关键。你的说法，实际上也是契约论的观点，会遇到两个重要事实的挑战，无法做出合理的解释：第一，成员流动和组织稳定性之间的矛盾；第二，不称职现象。关于第一个问题，打个比方，公司制企业产生之后，延长了企业的生命，使其可以超出所有者和控制者个人的生命周期而长期存在，使组织与其掌控者个人可以分离。而且一个组织可以在成员完全更换之后仍然保持其性质和特征不变，这就是所谓"铁打的营盘流水的兵"。关于第二个问题，我们发现，在一些大型组织的无论哪个层面都经常会出现不称职的现象，这种现象会对组织效率产生负面影响，但是一个成熟的组织不会因为有一些不称职的成员而崩溃瓦解，反而能够照常运转。这就说明，组织自身有一种能力，可以克服成员个人的能力和行为上的缺陷，而完成自身的功能。只要我们把组织看作一个独立的有生命的主体，这些问题就都迎刃而解了。更重要的是，个人主义的分析方法和契约论不能很好地解释利他主义行为，特别是自我牺牲的行为。有人可能认为，利他主义行为只能用情绪而不能用理性来解释，但是对于人们熟知的大量革命者来说，这显然是说不通的。而这是一个重要的行为类型。虽然利他主义行为并不是组织所特有的，但是在组织内部更常见、更普遍。这就说明不仅是个人构成了组织，而且组织也能够改变和塑造个人。因为组织有自身的利益，这就是通常所说的"集体利益"。这个集体利益并不等同于成员个人利益之和，因为组织具有生命，这种集体利益不仅有时而且常常会侵犯和压制个人利益，甚至完全吞蚀个人利益包括牺牲其生命。集体利益也不完全等同于企业老板或国家领导人这些组织决策者的个人利益。至于集体利益的内涵、它的形成及其作用的机制，我现在还不清楚。这些问题显然是目前的新制度经济学无法回答的，在现有理论框架下甚至根本就不会提出这些问题，但是如果对这些显而易见的事实都视而不见的话，这种理论也就很值得怀疑了。

　　至于计划经济中的企业，我同意你所说的计划经济中没有真正的企业的说法。但是在分析计划经济体制时，重要的不是拿它和市场经济中的企业相比，看它是不是真正的企业，而是要看到计划经济组织结构上的两个不同的层次，要看到它存在基层单位这个组织层次。计划经济并不是直接面对独立的个人，而是通过将个人组织

119

在一个一个的基层单位中，实现其组织管理和运转的。企业只是这些基层单位中的一类，是执行生产功能的基层单位，说它是企业，是与机关和事业单位等其他基层单位相对的，而不是与市场经济相对的。基层单位作为统一计划经济的肢体，当然不是像市场经济那样完全独立的主体，但是这并不妨碍对它进行单独分析。这就像物理学中对宏观物体的性质的认识，不能代替对原子的认识一样。在物理世界中，我们日常接触的宏观世界和以星体为基本单位的宇观世界以及原子层次的微观世界，彼此之间是不能化归的。这应该给我们以启发，社会科学中的"社会"这一宏观层次，并不能完全由微观个体的行为来解释，它的基本单位就是组织。

组织包含制度和技术两个方面，其中任何一个方面都不能够单独决定其性质和特征。这里组织、技术和制度的概念用马克思的语言来表述，就是生产方式、生产力和生产关系。马克思认为，一个生产方式中包含生产力和生产关系，两者同时对生产方式发挥作用，这就是"决定作用"和"反作用"。同时，生产力和生产关系也相互作用，但是它们两者之间不是直接而是通过生产方式这个中介相互作用。马克思对商品生产和商品交换的分析以及对分工和生产组织及其演化的分析，都是对资本主义生产方式的分析，既不能归结为技术，也不能简化为制度。诚然，从系统论的角度来看，社会经济组织、技术和制度之间的关系不必用"作用"和"反作用"这种线性的联系方式来解释，也不必把生产方式看作中介，所有构成要素的重要性和在组织中的地位都是相对的，取决于它们在系统功能协同中的作用，在一定条件下是可以发生变化的。

组织和制度是两个具有交集的不同集合。一方面，组织包含制度和技术两者，因此不能把组织等同于制度。另一方面，维持组织的制度有两种不同的类型，一类是结构性制度，它们决定组织内部的各种关系；另一类是刺激性制度，它们对人们的行为进行激励和约束。前一类制度具有较高的稳定性，并且是与组织的性质和状态联系在一起的，而后一类制度具有较高的可变性，它们的变化并不会改变组织的性质和特征。从这个角度来看，组织也不能等同于制度。由于组织和制度两者具有相互交织的复杂关系，因此在不同场合、针对不同问题时，因强调的重点不同，将两者混同的情况似乎就有可能发生。这并不奇怪。

关于元制度和制度核的思想，我是否受了拉卡托斯的启发，还真不好说。因为我过去的确看过他的书，但是时间已经很长了，现在都记不清了。元制度的思想是我最近几年形成的，是否当年的阅读保存在潜意识里起了作用？这就不得而知了。不过这并不重要。重要的是元制度之间的关系一定是并列的，不存在谁决定谁的问题。举篮球的例子来说明。有位美国神父（名字我忘了）[①] 觉得橄榄球太野蛮，为了发明一种更文明的运动，他在发明篮球时制定了五项基本规则：双方的篮置于高处、场地有规定、双方队员人数相等、不准持球跑、队员身体不能互相接触。这五条基本规则共同构成篮球运动的基础，缺一不可。如果取消第一条，就变成足球了；如果取消第四条，就变成橄榄球了，取消哪一条都会改变这种运动的性质。篮球产生以后的规则变化和发展都是在这五条基本规则的基础上派生出来的，例如关于打

---

① 是詹姆斯·奈史密斯在1891年创立了篮球运动。

手、合理冲撞、盖帽等的规定，都是由第五条基本规则派生出来的具体制度；关于走步、三步上篮的规定则是第四条基本规则的具体化。它们的作用是对基本规则进行变通，放松过于严格的规定，或者使其便于操作执行。

在这个例子里，篮球运动就是我们理论中的体制，规则就是制度，运动员、篮球、球篮、场地等则是技术。从篮球运动的起源来看，的确是先有制度，后有技术，但是在其后的发展过程中的任何一个横断面上，都很难说制度和技术何者更重要，何者更有决定意义。如果从其他体育运动如滑冰运动来看，可能就是先有技术，后有制度了。我虽然是一个制度经济学家，不同意马克思的技术决定论，但也不赞成新制度经济史学家的制度决定论，我认为制度和技术对经济发展的作用是等同的，其重要性是交替互换的，因为两者的作用都存在从边际效率递增到边际效率递减的转化过程。

不错，理论应当是简单的。简单性不仅有利于保持逻辑的清晰，同时也易于给读者留下更深刻的印象，从而征服读者，有利于传播。因此，人们在构建理论和提出理论假设时，往往希望用一个终极的原因或因素来解释，这同时也是受了根深蒂固的一元化观念的影响。这在张五常身上就表现得很极端。但是，理论的简单性毕竟要服从于理论的准确性或者说正确性，而理论是否具有正确性首先取决于它是否反映和解释了现实。这也就是科斯所说的研究真实世界的含义。而真实的世界往往不是用单一因素就能够解释的。当然，多因素的解释往往会带有一种折中的性质，折中的理论虽然不如极端的理论那么吸引人，却常常更能反映现实。

周　冰

2011 年 3 月 11 日

附录Ⅱ　过渡性制度安排理论研究综述

内容提要：过渡性制度安排概念的提出，是转型研究从模式比较的表象层面深入到过程分析的机制层面的一个重要标志。对于过渡性制度安排的产生原因，主要有三种不同的理论解释。由于理论工具和切入点的不同，对过渡性制度安排持续演化的动力机制的研究，形成了五条不同的研究路线。对于过渡性制度安排在体制转型中的地位和作用的认识，大体上形成四种不同的观点。对于过渡性制度安排是特殊现象还是普遍现象，学者之间存在较大的分歧。

关 键 词：过渡性制度安排　　转型模式　　制度变迁
渐进改革策略

渐进改革持续推进的机制及其如何实现体制的平滑
转型，是转型经济理论研究的一个核心问题。因为自20
世纪中期比较经济学兴起以来，经济学界就已经形成了
一种共识，即任何一种模式的社会经济体制，无论是计
划经济还是市场经济，都有其内在的逻辑，打乱了这种
体制内在的统一的制度规则，社会经济就无法正常运行。
因此，对于改革来说，要么不改，要么就整体地改，否
则就会造成混乱，其结果还不如不改革。这就好像城市
的交通规则，如果只进行局部的改革，让一部分车辆靠
左行驶，一部分继续靠右行驶，就会造成混乱，导致交
通瘫痪。一个典型的说法是，人们不能分两步跨越一条
鸿沟。这也是原来苏联、东欧国家在向市场经济转型过
程中实行"休克疗法"的理论根据。然而历史的吊诡之
处在于，尽管有主流经济学理论作为基础，但是以俄罗
斯为代表的国家所实施的激进的一揽子整体改革策略并
没有取得预期的经济效果，反而出现了持续、严重的经

济衰退；相反，完全无视上述理论结论采取渐进改革策略的中国等国家却取得了惊人的成绩。随着不同转型方式实践效果的差距日益显著，理论界越来越认可中国的转型方式，并对中国转型方式的特征及其原因做出了各种新的理论解释。尽管这些解释对中国转型中的现实似乎都能自圆其说，但是上述主流经济学提出的问题在理论上并没有得到解答。这里的要害，并不仅仅在于需要对中国转型方式的特征进行理论上的概括，更为重要的是，这种理论解释还必须回答局部渐进的改革为什么是可能的，即在一个体制结构不断变化的转型过程中，社会经济的秩序是如何维持的，也就是说，体制结构和规则的转换与社会经济秩序两者是如何兼得的，这就是渐进改革推进的动力机制问题。

随着对转型过程的深入研究，理论分析逐步深入体制和制度安排的内部结构及其变化机理的层面，"过渡性制度安排"的概念应运而生。过渡性制度安排是在转型理论研究从模式比较向过程分析转变的背景下提出来的，是转型经济研究从表象层面深入动力机制层面的重要标志之一，是转型经济理论发展深化的必然结果。下面，本文从过渡性制度安排概念的提出及其在体制转型过程中产生的原因，过渡性制度安排不稳定的原因和持续变革的动力，过渡性制度安排的演化方向和演化路径，效率评价四个方面，对现有理论研究文献进行综述。

一 过渡性制度安排概念的提出及其在体制转型中产生的原因

国外一些支持渐进主义改革策略的学者研究了过渡性制度安排（Transitional Institution），对中国学者的研究产生了深远的影响。罗兰是国外学者中系统研究过渡性制度安排的学者（罗兰，2002）。他认为过渡性制度安排是资本主义市场体系下制度的各种变形，它可能是通向市场制度的必要步骤，它在让市场发展的同时，维持现存的既得利益，避免了混乱。作者主要通过数理模型来分析在何种条件下渐进主义会优于大爆炸策略，而过渡性制度安排是渐进主义策略的一个工具，所以他重点讨论的只是在什么条件下需要渐进转型，以及两种不同的转型策略的经济绩效如何。由于他的研究方法比较规范，从而引起了国内外学术界对过渡性制度安排研究的重视，但过渡性制度安排本身仍是一个黑箱。穆瑞尔（Peter Murrell，2008）在新古典均衡分析的框架下探讨了过渡性制度安排问题，他认为过渡性制度安排虽有利于降低改革成本，但经济绩效却不如均衡制度。也就是说，过渡性制度的存在是低效的，只不过因为在该体制下特定主体在选择制度时考虑的是改革成本而不是效率。

　　真正对过渡性制度安排本身展开研究的是中国学者。盛洪（1996）最早提出了过渡性制度安排的概念。他在《外汇额度交易：一个计划权利交易的案例》一文中率先提出并使用了这一概念。[①] 他认为，所谓过渡性制度安排是衔接两种不同制度安排的中介形态，它自身的性质决定了在运行和发展的过程中会在较短的时间内导致对自身的否定。并且认为，就制度变迁研究及观察难度来说，对过渡性制度的研究比对稳定的制度安排的研究更为重要。曹远征（1996）在评论中指出，盛洪所提出的"过渡性制度安排"是研究中国体制渐进变迁的核心。因为体制的转型或过渡不只是一个时间过程，而且还是制度

---

　　① 盛洪在文章中同时使用了"过渡性制度"和"过渡性制度安排"两种提法。

形式的变化过程。他还进一步详细总结了盛洪所提出的过渡性制度安排的特点，认为它具有兼容性，它不是一种稳定形式，它有创新能力，具有演进等性质；过渡性制度安排在渐进转型过程中的作用是，有效降低制度变迁特别是其发端时的社会成本，为制度变迁提供了一个学习过程。

但是多数研究者并没有从学理上对过渡性制度安排进行严谨的界定，而仅仅是从字面上来理解和使用它，把过渡性等同于不稳定性。对过渡性制度安排所使用的术语也不统一，有用"过渡性的中间制度安排"（张红宇，2009；相勇、章晶，2003）的，也有用"过渡性杂种"（樊纲、陈瑜，2005）的，等等。因此，过渡性制度安排还没有真正成为一个严谨而规范的分析性概念，它在中国平滑转型中的作用及其理论价值还没有充分显示出来。

笔者及其学术团队对过渡性制度安排进行了系统的研究。笔者认为，过渡性制度安排是与正式制度相对应的一类特殊的制度安排，它是体制结构中的一种或一些非均衡的制度安排，或者是体制结构中各个制度安排之间出现的不协调状态。从改革决策者或者制度供给者的角度来看，它是试验性、尝试性、暂时性的制度安排；在客观上，即从事后观察的角度来看，它是不稳定的、短期的、朝着改革前进方向演化的制度安排。总的来看，不稳定性、短期性、同时具有新旧两种制度的性质因而具有演化的方向性，是过渡性制度安排的三个主要特征。笔者还通过案例研究得出，中国在改革过程中所采取的过渡性制度安排，根据主观预测和事后结果的确定性程度，可以分为四种主要类型：作为改革目标搜寻机制的搜寻型过渡性制度安排；由于未能预见到后来的发展而作为改革目标推出但后来演化成为过渡性制度安排的目标型过渡性制度安排；作为一项大的改革措施化整为零分步骤推出的阶段型过渡性制度安排；为了缓和改革中的矛盾，采取以退为进的迂回策略而实行的策略型过渡性制度安排等。

此外，国外一些研究中国转型的学者，虽然没有明确提出过渡性制度安排的概念，但是他们所说的中国在改革的不同阶段所实施的渐进制度变迁与过渡性制度安排是类似的。例如，诺顿（Barry Naughton，2007）认为在转型过程中，人员和机构的稳定、激励与财产权的一致性和可预见性、弥补市场失灵的政府协调，与市场的稳定扩张同样重要。他认为，在某一特定阶段，基于具体环境进行的谨慎决策所选择的其他类型的制度并不比市场制度差。罗德里克（Dani Rodric，2008、2010）提出的次优制度和转型制度与过渡性制度是类似的。张燮善等（Jang – Sup Shin 和 Ha – Joon Chang，2005）提出，制度转型不是一步到位的，而会因环境、历史的不同而不同，这些思想都与过渡性制度安排的概念相类似。

至于为什么在体制转型过程中会出现过渡性制度安排，主要有三种不同的理论解释。第一种是由钱颖一（2002）提出来的，可以称为"宏观体制动态"论。钱颖一利用过渡性制度分析我国转型中的企业产权制度与完善的市场经济体制下企业制度不同的原因。他认为，转型国家中的政府和市场制度等他称之为宏观体制的因素在不断演变，这决定了特定时期出现的非驴非马的微观制度并不是静态不变的，而是动态可变的，即过渡性的。因此，他的观点实际上是宏观体制的动态性导致了微观制度的过渡性。第二种是由樊纲、陈瑜（2005）提出的，可以称为"效率变动决定"论。他们认为，制度的过渡性特征（"过渡性杂种"）不是由外在的制度环境单独决定的，而是由制度环境和制度本身的效率随时间的变化而变化（"残余的无效率"）的内在特征共同决定的，本质上是由过渡性制度安排本身的效率下降决定的。第三种是由笔者等人（2007）提出的，可以称为"权利结构非均衡"论。我们认为，转型是一个社会的权利结构不断调整和变化的过程，从原有权利结构的基础出发，社会各方展开利益博弈，当各方的策略暂时达到一个均衡结果时就形成一种新的权利结构，这种新的权利结构就规定了一种新的制度安排。但是转型中的新制度安排往往是不稳定的，很容易发生进一步的变迁，因为社会主体在新形成的权利结构基础上再次展开利益博弈时，又会寻求新的策略以便使自己处于有利地位，此前刚形成的策略均衡很快就会被新的均衡所取代，转型也就表现为一系列过渡性制度安排不断被替代的过程。社会主体的博弈策略均衡不稳定，原因基本上可以分为两类：一类是双方的妥协策略造成的均衡不稳定；另一类是有限理性下预期的不确定（或不准确）造成的博弈均衡不稳定。参与改革博弈的决策者的有限理性和风险控制策略是产生过渡性制度安排的主观原因，改革过程中的社会权利结构非均衡则是更深层次的客观原因。

二　过渡性制度安排不稳定的原因和持续变革的动力

虽然关于过渡性制度安排不稳定的原因，或者说它持续变革从而推动体制转型的动力的研究近几年才刚刚起步，但是关于制度变迁的动力的理论文献相当丰富。这些关于制度变迁动力的理论构成了研究过渡性制度安排持续变革动力的思想渊源，由于理论来源不同，从一开始就形成了两条不同的研究路线。

第一条研究路线主要受新制度经济学的制度变迁方式和类型划分的理论启发，着眼于中国转型过程的长期性和其中各个阶段将会呈现的不同特征，在此基础上展开探讨。杨瑞龙（1998；杨瑞龙等，2000）根据中央治国者、地方政府和微观主体谁在制度变迁中充当"第一行动集团"，将制度变迁方式划分为供给主导型、中间扩散型和需求诱致型三种类型，认为中国的转型呈现阶梯状的制度变迁方式，因为在改革不同阶段的特定约束条件下，三个主体分别扮演着改革主导者的角色。黄少安（1999）对其理论分析中的逻辑缺陷提出了批评，指出中国制度变迁主体角色的转换并不存在规律性的转移和由此形成的分明的阶段，变迁过程总是多元利益主体的合力作用结果，不同主体扮演的角色、所起的作用不同，在转型的不同阶段或不同方面，主导角色不同，它们会转换并且可逆转。作者从行为主体利益的角度来解释渐进转型的过渡性制度持续改革的动力，深化了人们对政府特别是地方政府的利益最大化行为对推动改革的作用的认识。

第二条研究路线继承了哈耶克的自发秩序扩展的演化理论。哈耶克基于知识和信息的主观性、分散性，认为制度的变革是人们对经验和传统不断适应的结果，制度演化是微观主体在利益的驱动下通过自发扩展秩序的自组织机制来完成的。周业安（2000）利用哈耶克知识分散性和主观性的假设，认为中国的制度变迁（即过渡性制度安排的持续变革）是由政府部门制定的外部规则与微观个体主观、自发形成的内部规则之间不断的协调和冲突推动的，即政府和微观个体对利益和制度知识的协调与分歧构成了持续变革的基本动力。

随着对中国转型实践过程的理论研究的深入，对过渡性制度安排持续演化动力的分析得到了进一步的拓展，由于分析的着眼点和方法不同，又形成了三条新的研究路线，尽管这些沿不同路线进行的研究之间也存在一定的交叉。

其中一条研究路线是以体制规则具有内在逻辑为前提，以制度的互补性为出发点，主要对制度间的协调和摩擦关系展开的研究。例如罗兰（2002）认为，改革的动力或者说渐进制度改革持续推进的动力之一在于制度的互补性。过渡性制度安排之间存在互补性，当在 0 期预期获益的改革 1 或过渡性制度安排推行一段时间后，人们要从改革 1 中持续获益的话，就必须继续向市场制度迈进，否则 0 期实行的制度即改革 1 的收益将会降低甚至为负。但如果进一步实施在 0 期预期收益为负或收益较小的制度即改革 2，则将扭转单一的改革 1 收益下降的趋势，这将使人们持续推进渐进制度改革。因此，罗兰等人（罗兰，2002；麦金农，1999）认为恰当的改革顺序是保障体制转型持续进行的重要条件。因为在总和不确定的条件下，人们只有通过渐进制度改革才能以较低的成本获取改革收益的信息。因此应该遵循恰当的改革顺序，让能够带来重大收益的改革打先锋，而不是从损害多数人利益的改革开始，这样人们就能够认识到自身可以在新的制度即过渡性制度中获益，从而支持改革并继续推进改革。樊纲和陈瑜（2005）也从这一角度论证了过渡性制度持续变革的动力。他们认为，过渡性制度安排逐步走向完美的原因有两个：一方面，过渡性制度安排是"杂种"，其本身的不完美及其缺陷的逐步暴露会促使人们进一步变革；另一方面，环境的变化也推动了过渡性制度安排的变革。他们认为，暴露过渡性制度安排的缺陷的可能动因是相关制度的变化、制度的不协调等。因此这两个方面的原因可以归结为制度的不协调，即制度自身导致自己的变革。这一观点影响深远，沿着这一理论路线来解释制度变迁的学者相当多。

　　另一条研究路线着重于对转型过程中参与者的利益驱动和利益博弈的分析。利益是制度变革的基本动力，这是毋庸置疑的。问题在于到底是哪些主体的利益能够推动改革，又是如何推动改革持续的呢？商晨（2007）提出转型的实质是利益驱动的权利结构变动，由此来解释转型过程，对回答这一问题有一定的启示。他认为随着转型的推进，微观主体的权利将逐步增大，从而使早期具有新保守主义特征的国家逐步演变为具有多元主义特征的国家，使国家目标与社会公众利益趋于一致。然而转型是不是一定能够持续推进，微观主体的权利是不是一定能够逐步增大，依然是需要进一步解释的。钟玉文（2010）研究了国企持续改革的动力，认为政府推动企业产权制度持续变革的动力之一在于提高企业的效率，而政府对企业效率的追求是由其行为目标决定的。因此，政府的目标决定了微观个体追求利益增加行为的选择范围。由于政府的目标并不总是与微观个体利益增加的行为一致，因此改革与社会公众利益增加的行为也并不一致，这将引发社会矛盾。万举（2010）通过城中村土地产权变革的研究，集中反映了政府的短期利益与农民利益之间的冲突和矛盾。

第三条研究路线着眼于对作为改革主导者的政府决策行为的实证分析。笔者认为，当不确定性导致人们对未来改革的收益并不清楚时，改革的主导者即政府往往采取阻力或成本最小化的方法来筛选改革方案。笔者通过对中国就业制度的研究，提出改革突破口选择的最大压力原则。也就是说，即使政府面对未来的未知之幕，当因继续维持原有制度的成本或风险不断增高以致难以承受之时，政府也会不得不启动改革。虽然改革突破口选择的最大压力原则是针对改革的启动，但实际上这一原则也适合过渡性制度安排的推进。谭庆刚（2007）研究了乡镇企业产权制度持续变革的原因，认为是政府为了减少维持乡镇企业的成本而推动制度变革。赵志峰（2007）利用博弈模型分析国企产权制度变革的逻辑，认为国企产权制度的持续变革是由政府所承受的经济增长压力推动的，一旦经济增长低于某一水平，最高（政治）决策者就会根据制度知识不断增长机制，推进制度的持续变革。钟玉文（2010）在此基础上提出，国企产权制度变革的动力之一在于转移事后的风险。在有限理性和不确定性条件下，一旦出现事前不可预期的风险或风险虽可预期但所有权主体难以承担的情况，政府就会被迫继续推动改革。

王玉海（2007）明确提出过渡性制度安排持续变革的动力机制问题。他认为，过渡性制度安排持续变革的动力在于，转型的主导者即政府在一定的条件下允许企业、个人等微观主体以自身利益增长为目标进行活动，并且政府不断为其创造条件和改善条件。也就是说，追逐"即期经济剩余"，以及因制度效率和经济条件的变化而导致的即期经济剩余的变动，构成了过渡性制度安排持续变革的内在动力。如罗德里克（2010）所言，中国能持续进行市场制度变革，避免印度尼西亚"走向麻烦"的经济增长，是因为中国大体遵从了把经济增长视为制度变革的机遇。但实际上这并不只是政府的主观选择，也不能表明将永远如此，因此需要一种内在的机制来保证它的运行。对此，笔者（2007）提出，要保证过渡性制度安排能向现代市场经济制度转换，就必须以生产性改革①作为改革决策的原则。从这个意义上来说，通过什么样的机制来规避政府目标与社会公众利益不一致的改革，以保证生产性改革和利益增加的机制，消除可能的路径锁定，以推进过渡性制度持续演化，将是未来研究的重点。

---

① 这个概念是由笔者提出的。笔者认为，任何改革都具有分配效应，但是只有一部分改革能促进社会劳动生产率提高，能够促进社会劳动生产率提高的改革就称为生产性改革，否则就是分配性改革。生产性改革必须满足三个条件：速效、向生产者倾斜、留有接口和后向可加。

三 过渡性制度安排的演化方向和演化路径

理论界对过渡性制度安排在体制转型中的地位和作用的认识存在很大的差异，这通常与他们对过渡性制度安排演化方向的看法联系在一起，而后者又往往与其对过渡性制度安排演化机制的研究相关。这方面的文献在观点上存在显著不同，大体可分为四类。

第一种是对中国式的渐进改革能否以更低的成本转变为现代市场经济制度持否定或怀疑的观点。前者如萨克斯、杨小凯（杨小凯，2003；萨克斯，2000）等，后者如科尔奈（2000、2005）等。从严格的意义上来说，以萨克斯和科尔奈为代表的这些学者探讨的并不是过渡性制度安排的演化问题，而是以西方的民主政治和以市场制度为转型目标为既定前提，在此基础上讨论渐进改革如过渡性制度安排能否推进。他们否认转型国家在建立市场制度上其他可能的创新，并且认为经济运行制度与政治制度的组合关系也都是单一的。他们基本上是以目标来衡量转型方式和转型路径的优劣，否认经济增长与过渡性制度之间的紧密关系。他们对中国在渐进转型过程中先进行经济改革后进行政治改革、重视即时经济绩效而轻视宪政规则的模式是持否定态度的。也就是说，他们对通过过渡性制度安排和中国所选择的改革顺序进行渐进转型来把中国带入西方市场制度表示怀疑。

第二种观点虽然也把转型看成是从一个确定的起点到一个先验给定的终点的过程，即把西方发达国家成熟的市场经济作为体制转型既定的前提和目标，但是由于他们赞成渐进的改革方式，因此主要探讨的是改革过程的路径。在罗兰（2002）的研究框架下，过渡性制度并不是一个关键的解释变量，这导致作者主要是从确定恰当的改革顺序的角度来解释改革的不断推进。至于这是一个什么样的顺序，他认为在不确定的条件下，并没有具体的路线图，过渡性制度安排的选择只是对意外事件和压力的一种即兴反应。樊纲、胡永泰（2005）则提出，在转型过程中各项过渡性制度安排的演化是平行推进而非循序渐进的，并不是改完一个领域后再改革另一个领域。

第三种观点强调市场体制的多元化。如笔者（2007、2008）认为现有的市场经济体制模式是多样的，成功的市场经济体制既存在共性，但也存在一些与各国历史、文化等相关的特性。由此认为过渡性制度演化的方向并不是照搬某一个或几个国家的现存的市场体制原型，而是根据现代市场制度的基本特征进行创新，以创造出更加适应本国国情和更能促进生产力发展的先进体制。豪斯曼、怀默霆（Hausmann 等，2008；Martin King Whyte，2009）等则从经济发展的角度提出类似的观点，他们都反对简单照搬他国模式，主张根据国家自身面临的约束条件进行市场导向的制度创新。赵志峰（2007）通过最高（政治）决策者、主管政府和企业的三元博弈来解释国企的演化机制，从主管政府的腐败行为角度来说明演化方向的多元性。钟玉文（2010）认为，转型中滞后的风险转移是推动国企产权制度持续演变的直接原因，其核心动力来自最高（政治）决策者巩固统治权的目的，并试图通过把主管政府进一步细分为地方政府和主管部门来解释国企改革过程中出现的改革方向的多元性和与社会公众目标相悖的可能性。

第四种观点一方面强调以经济增长目标来评价过渡性制度并决定过渡性制度的变革方向，另一方面又强调过渡性制度安排演化趋势的不确定性。罗德里克主编的论文集《探索经济繁荣》（2010）是一个主要代表。他们通过国别研究得出：虽然政治民主和产权清晰是实现经济持续增长的重要力量，但转型国家的经济增长取决于多方面的因素，单一的市场制度并不一定能带来持续的经济增长，如印度。在缺乏良好的公共制度（比如政治民主、产权制度清晰）时，经济即使有一定的增长，也非常脆弱，如1997年以后的印度尼西亚。虽然作者把经济增长的目标作为评价和决定过渡性制度变革的标准，但这只是一种价值诉求，经济增长与向市场制度方向的变革并不是一回事，两者之间也不存在必然关系，如巴基斯坦。过渡性制度变革的目标并不是照抄现有的模式，而是需要反复尝试、针对当地具体条件探索适合自己的完善制度，并强调了探索过程中主观选择的重要性。王玉海（2007）认为，过渡性制度安排的演化是通过三个层次来实现的，即利益主体的适应性调整、契约的适应性调整和制度的适应性调整。其中利益主体为追求自身收益增加而做出的适应性调整又有两个层次，一个层次是在既有制度给定的选择集内的偏好调整，另一个层次是扩大选择集的调整。利益主体扩展选择集的适应性调整是借助契约进行的。因为利益主体的行为既有生产性行为又有分配性行为；而通过契约形成的合作组织，既有创利集团又有分利集团，而且还存在创利集团蜕变为分利集团的倾向。因此，总体经济剩余的获得要以制度的适应性调整为保障。

四　过渡性制度安排的评价：体制平滑转型中的特例还是制度变迁的一般

过渡性制度安排是否具有普遍性？它是体制转型乃至制度变迁过程中都可能出现的一般现象，还是由于中国的特殊国情和所采取的特殊改革策略而出现的特殊现象？对此，研究转型经济的学者之间存在分歧。

那些不看好渐进改革的学者，如萨克斯等认为渐进转型的实行是由中国特定国情和初始结构决定的，不适合俄罗斯等其他国家（转引自文哲，1995）。因此可以推论出过渡性制度安排是一种只适用于中国体制转型的特例。

以罗兰为代表的支持渐进改革策略的学者认为，过渡性制度安排虽然不具有普适性，但是对于诸如越南、中国等国家都是合适的，也就是说只要满足一定条件就可以采取，并探讨了具体的条件。罗兰（2002）从总和不确定性等角度说明了渐进主义策略下过渡性制度安排的合理性或占优性，即只要转型经济满足总和的不确定性，按照一定的顺序进行逐步改革，这些特定顺序的局部改革即过渡性制度安排就能够提供关于改革结果的信息，即能够提供人们将从改革中获益的确定性信息，这时就适宜采取渐进制度策略。他也探讨了某些不需要采取渐进改革策略和过渡性制度安排而适合大爆炸式转型的条件，如他认为对于那些受到地缘政治强烈影响的小国，如中欧的一些国家，其体制转型就不一定要采取渐进方式。但是他对大爆炸式转型的条件的讨论只是一种理论上的假设。钱颖一（2009）把过渡性制度等同于某几个成功的非驴非马的制度，如双轨制、乡镇企业产权制度、财政联邦制等，也没有意识到它是中国改革过程中存在的一种普遍的制度变革模式。

以笔者（2007）为代表的学者认为，过渡性制度安排是实现体制成功转型的一般性机制而不是特例。我们提出，从计划经济体制向市场经济体制的转型存在三个特征性事实，即转型是一个持续较长时期的历史过程、转型是在政府主导下的公共选择以及转型过程存在总和的不确定性，因此成功的体制转型必然需要通过过渡性制度安排来实施。在体制转型过程中，无论是采取渐进的策略还是激进的大爆炸策略，新旧体制的转换特别是新体制的建立都需要一个逐步形成和完善的适应过程，因此，都需要通过一系列过渡性制度安排来逐步实施。因此，对于过渡性制度安排的研究具有普遍意义，它是制度变迁过程中的一般现象，无论是在宏观体制层面还是在微观组织层面都是如此。

尽管目前对过渡性制度安排的研究都是与体制转型直接相关的，但是从公共决策的角度来研究决策模型的学者提出的断续渐进主义决策模型，在一定程度上有助于更进一步拓宽过渡性制度安排的适用范围。林德布罗姆等人（Braybrooke，Lindblom，1963）从不确定性和理性有限性的角度论证了完全理性决策的非现实性，并提出一个代替完全理性决策的新的决策模型，即断续渐进主义决策模型，也被称为断续渐进主义策略（Strategy of

Disjointed Incrementalism）。在这一决策模型下所形成的
行动策略与过渡性制度安排具有相似性，只不过前者研
究的是政策、策略，比制度的范围更广泛而已。这些理
论探索也构成了过渡性制度安排的思想渊源，对过渡性
制度安排拓展应用范围具有启迪作用。

对于过渡性制度安排的效率，研究者之间也存在不
同的认识。穆瑞尔（Peter Murrell，2008）在新古典均
衡分析的框架下探讨了过渡性制度安排问题，他认为过
渡性制度安排虽有利于降低改革成本，但经济绩效不如
均衡制度。也就是说，过渡性制度是低效的，只不过在
该体制下特定主体在选择制度时考虑的是改革成本而不
是效率。但是以诺顿（Barry Naughton，2007）为代表
的学者，从经济增长的角度分析得出中国转型过程中特
有的制度形式并不低效，而他们论述的中国在改革不同
阶段所实施的渐进制度变迁与过渡性制度安排是类似
的。樊纲、陈瑜（2005）认为，从静态（总体）的角
度来看，过渡性制度相对于市场体制下的制度是次优
的，但若考虑到体制环境的约束，那么在任一阶段过渡
性制度都是最优的。由此，若把时间历程上的制度环境

考虑进来，把既定资源下最大的生产能力所构成的轨迹连接起来，就构成了制度环境约束下的时间历程的生产可能性曲线，那么过渡性制度就是那些能达到生产可能性曲线上的生产能力的制度形式。因此，正如樊纲所说，过渡性制度安排虽然相对于理想状态而言是次优的，但是从动态的角度来看，它是既定体制约束下的最优制度。

（本文与钟玉文合著，发表于《经济学动态》2011年第6期）

五 参考文献

[1] 曹远征：《制度变迁的过渡性与过渡性的制度安排——对〈外汇额度的交易：一个计划权利交易的案例〉的评论》，载张曙光主编《中国制度变迁的案例研究》（第1辑），上海人民出版社，1996。

[2] 达龙·阿西莫格鲁、西蒙·约翰逊、詹姆斯·鲁宾逊：《一个来自非洲的成功故事》，载丹尼·罗德里克主编《探索经济繁荣》，中信出版社，2010。

[3] 丹尼·罗德里克主编《探索经济繁荣》，中信出版社，2010。

[4] 道格拉斯·诺斯：《制度变迁理论纲要》，《改革》1995年第3期。

［5］道格拉斯·诺斯：《时间进程中的经济成效》,《经济社会体制比较》
    1995 年第 5 期。

［6］道格拉斯·诺斯：《理解经济变迁过程》,《经济社会体制比较》
    2004 年第 1 期。

［7］道格拉斯·诺斯：《理解经济变迁过程》,钟正生、邢华译,中国人
    民大学出版社,2008。

［8］道格拉斯·诺斯：《制度、制度变迁和经济绩效》,杭行译,上海三
    联书店、格致出版社、上海人民出版社,2008。

［9］樊纲、陈瑜：《"过渡性杂种"：中国乡镇企业的发展及制度转型》,
    《经济学》(季刊) 2005 年第 4 期。

［10］樊纲、胡永泰：《"循序渐进"还是"平行推进"?》,《经济研究》
    2005 年第 1 期。

［11］黄少安：《制度变迁主体角色转换假说及其对中国经济制度变革的
    解释》,《经济研究》1999 年第 1 期。

［12］杰夫雷·萨克斯、胡永泰、杨小凯：《经济改革与宪政转型》,《开
    放时代》2000 年第 7 期。

［13］金祥荣：《多种制度变迁方式并存和渐进转换的改革道路》,《浙江
    大学学报》(人文社科版) 2000 年第 4 期。

［14］刘世锦：《经济体制效率分析导论——一个理论框架及其对中国国
    有企业体制改革问题的应用研究》,上海三联书店,1993。

［15］刘元春：《交易费用分析框架的政治经济学批判》,经济科学出版

社，2001。

[16] 罗纳德·I. 麦金农：《经济市场化的次序：向市场经济过渡时期的金融控制》，上海人民出版社，1999。

[17] 米切尔·黑尧：《现代国家的政策过程》，中国青年出版社，2004。

[18] 钱颖一：《第三种视角看企业的政府所有制：一种过渡性制度安排》，《经济导刊》2002 年第 5 期。

[19] 商晨：《利益、权利与转型的实质》，社会科学文献出版社，2007。

[20] 盛洪：《外汇额度的交易：一个计划权利交易的案例》，载张曙光主编《中国制度变迁的案例研究》（第 1 辑），上海人民出版社，1996。

[21] 谭庆刚：《双重转型中的乡镇企业》，社会科学文献出版社，2007。

[22] 热若尔·罗兰：《转型与经济学》，北京大学出版社，2002。

[23] 雅诺什·科尔奈：《大转型》，载吴敬琏主编《比较》（第 17 辑），中信出版社，2005 年。

[24] 杨瑞龙：《我国制度变迁方式转换的三阶段论——兼论地方政府的制度创新行为》，《经济研究》1998 年第 1 期。

[25] 杨瑞龙、杨其静：《阶梯式的渐进制度变迁模型》，《经济研究》2000 年第 3 期。

[26] 杨小凯：《经济改革与宪政转轨：回应》,《经济学》（季刊）2003 年第 2 期。

[27] 万举：《转型中的土地产权冲突与融合》，经济科学出版社，2010。

[28] 王婷婷：《适应性效率的理论探讨》，浙江财经大学硕士论文，2010。

[29] 王玉海：《平滑转型推进的动力机制》，社会科学文献出版社，2007。

[30] 文哲：《萨克斯：渐进式改革不是最好的改革之路》，《上海经济研究》1995 年第 2 期。

[31] 巫威威：《适应性效率理论的研究与创新》，吉林大学博士论文，2008。

[32] 相勇、章晶：《中国汇率制度选择的思考——"两极制度"还是"中间制度"》，《世界经济研究》2003 年第 8 期。

[33] 许成钢：《经济学、经济学家与经济学教育》，载吴敬琏主编《比较》（第 1 辑），中信出版社，2002。

[34] 张富田：《转型中的博弈：股权分置及其改革》，经济科学出版社，2010。

[35] 张红宇：《城乡统筹过程中的制度创新与中间制度安排》，《中国乡镇企业》2009 年第 8 期。

[36] 张曙光：《制度·主体·行为——传统社会主义经济学反思》，中国财政经济出版社，1999。

[37] 赵志峰：《转型中的国有企业产权演化逻辑》，社会科学文献出版社，2007。

[38] 钟玉文，《转型中国有企业产权演化的逻辑》，经济科学出版社，2010。

[39] 周冰：《有限理性和过渡性制度安排》，《天津社会科学》2001 年

第 3 期。

[40] 周冰：《基于中国实践的转型经济学理论构建》，《学术研究》
2008 年第 3 期。

[41] 周冰：《适应性效率：诺斯的缺失及其再认识》，《制度经济学研究》2013 年第 3 期。

[42] 周冰：《适应性效率：理解诺斯经济变迁理论的钥匙》，《中国经济问题》2014 年第 1 期。

[43] 周冰等：《过渡性制度安排与平滑转型》，社会科学文献出版社，2007。

[44] 周冰、靳涛：《经济体制转型方式及其决定》，《中国社会科学》2005 年第 1 期。

[45] 周冰、黄卫华、商晨：《论过渡性制度安排》，《南开经济研究》2008 年第 2 期。

[46] 周业安：《中国制度变迁的演进论解释》，《经济研究》2000 年第5 期。

[47] Barry Naughton, 2007, *The Chinese Economy：Transitions and Growth.* London：The MIT Press.

[48] Braybrooke, D. and C. E. Lindblom, 1963, *A Strategy of Decision.* New York：Free Press.

[49] Dani Rodric, 2008, *One Economics, Many Recipes：Globalization, Institutions, and Economic Growth.* Princeton University Press.

[50] Gerry Johnson, 1988, "Rethinking Incrementalism," *Strategic Management Journal*, Vol. 9, No. 1, pp. 75 – 91.

[51] Hausmann R. , Rodrik D. , Velasco A. , 2008, "Growth Diagnostics," See Serra & Stiglitz, *The Washington Consense Reconsidered* . Oxford : Oxford University Press.

[52] Jang – Sup Shin and Ha – Joon Chang, 2005, "Economic Reform after the Financial Crisis: A Critical Assessment of Institutional Transition and Transition Costs in South Korea," *Review of International Political Economy*, Vol. 12, No. 3 . pp. 409 – 433.

[53] Janos Kornai, 2000, "What the Change of System From Socialism to Capitalism Does and Does Not Mean," *Journal of Economic Perspectives*, Vol. 14, Number I Winter. pp. 27 – 42.

[54] Lindblom, C. E. , 1964, "Contexts for change and strategy: A reply," *Public Administration Review*, Vol. 24, No. 3, pp. 157 – 157.

[55] Martin King Whyte, 2009, "Paradoxes of China's Economic Boom," *Annual Review of Sociology*, Vol. 35: 371 – 392.

[56] North C. Douglass, 1992, "Institutions, Ideology, and Economic Performance," *Cato Journal* II , Winter, pp. 477 – 488.

[57] Peter Murrell, 2008, "Institutions and Firms in Transition Economies," See Claude Menard, Mary M. Sherley , *Handbook of New Institutional Economics.* Berlin: Springer Verlag.

附录Ⅲ　适应性效率：理解诺斯经济变迁理论的钥匙

内容提要： 诺斯假定：第一，人类社会是非各态历经世界，其基本特征是不确定性；第二，人类为了理解和控制环境，即建立秩序的努力无所不在。人类通过个体的心智模型产生的信念形成社会文化，以此来感知世界，并依所持有的信念来理解环境变化、规范社会和塑造未来；从应对物理环境的不确定性转到应对人文环境的不确定性，与此同时，从人格化交换向非人格化交换转变，这是人类演化遇到的最大挑战；由于人类的文化信念里包含非理性和错误的认知，因此历史上的经济体和发展中国家包括苏联等前社会主义国家多数都不能有效地应对这种变化；西方世界的兴起和美国的成功反映出实现长期经济增长需要构建具有适应性效率的结构和体制。

关 键 词：不确定性　信念　人造结构　非人格化交换　适应性效率

《理解经济变迁过程》[①] 一书是诺斯经济制度研究的一个总结性成果，既反映出他研究路径取向的变化，也是其思想之集大成者，堪称经济变迁领域的一部经典著作。诺斯这部著作的篇幅虽然不大，却横跨经济史、制度经济学、认知科学、人类文化学等多个学科领域，纵贯整个人类历史几千年乃至一万多年，实际上是提出了一个关于人类社会经济变迁过程的研究纲领。因此，此书一出版就引起了中国学者的重视，被广泛引用。然而

[①] 诺斯此书在 2005 年出版英文版，中文版由中国人民大学出版社于 2008 年出版。本文中的引证，如无特别说明，都是引自此书中文版，并只在文中括号内注出页码。

大家往往是各取所需，选择其中某一个论点或者某一个方面，如适应性效率、心智模型等进行解读，甚至是过度解读和曲解，对这部著作本身的系统解读至今尚付阙如。这显然不利于对诺斯经济变迁思想的正确理解、传承和借鉴。因此，本文拟从研究主题、基本思路、假定前提、主要结论以及存在的不足等几个方面对其加以解读，以飨读者。

一　诺斯研究的主题和问题的层次关系

1991 年苏联的解体是 20 世纪末最惊人的历史事件，自然吸引了众多研究者的目光。和中国绝大多数学者不同，诺斯是把苏联的兴起和衰亡作为一个完整的历史过程来看待的。虽然与西方世界的兴起，特别是其中的典型代表美国 3 个世纪的成功发展相比，苏联的兴亡是非常短暂的（仅 74 年），但是联系到广大第三世界的发展中国家寻求经济增长的努力大多数并不成功，进一步考虑人类在自新石器时代农业革命以来的几千年至一万多年中，大部分时间都是处在经济停滞或者短暂和不稳定的经济增长状态，成功（长期持续）的经济增长是非常稀少的。将人类不同时期的各不相同的经济体的变迁过程放在一起来看，究竟是什么决定一个经济体的长期绩效，从而决定经济增长呢？尽管不同经济体的演化路径和成败结果大相径庭，但是作为人类社会在背后起作用的共同东西是什么呢？这就是诺斯在《理解经济变迁过程》一书中提出来并进行思考和探讨的问题。

思想支配行动。一般来说，人类的思想观念即诺斯所说的信念影响人类对事物的理解，因此也就限定了人类做出选择的范围，从而最终影响人类的决策和行动。这里有三层意思。第一，面对新情况、新事物，人们既有的信念和信念体系，对社会来说就是意识形态，会对接收到的信息进行过滤和筛选，因此信念决定人对事物的理解和认知能力。信念体系是文化的核心和"内在表现"，即使面对相同的问题，不同文化背景下的不同社会也会做出极不相同的选择。第二，人们的选择和决策是有目的的行动，并且主要不是根据理性进行分析和判断，而是由他们持有的价值标准来引导，这就是诺斯所说的人类行为的意向性，即人类行为的目的性并不是自发产生的，人类是有意识地构建自己的未来。但是，这种指引人们做出选择的信念体系，不仅不一定是正确的，甚至还可能是完全错误的偏见。在历史和现实中，宗教、迷信、偏执和狂热等非理性的信念引导社会决策和发展方向的现象俯拾皆是。第三，只有关键行为人的选择才能影响和决定社会的选择。谁的信念起主导作用，谁是社会选择决策中的关键行为人，是由制度确定的结构和组织决定的，因此，制度对社会的经济绩效和长期增长具有决定性的作用。由此，诺斯的研究主题可以进一步分解为以下三个子问题。

第一个问题，文化和作为其核心的信念及信念体系是如何形成的，它是如何塑造社会的文化，又是如何引导个体和社会对所处的环境和需要解决的问题进行理解的。所以，诺斯的研究是从认知科学出发的。认知过程就是学习过程。个体最初建立的认识结构由遗传基因决定，人们通过这种结构对感官接收到的信号做出解释。对所遇到的问题进行某种解释的倾向可能也是来自遗传，因为相对于没有任何解释它总是处在优先地位（第26页）。个体的认知结构有很多不同的类，它通过个体的经历发展成个人的心智模型。心智模型会根据新的经历做出修正。基因遗传和环境经历的确切关系目前还不清楚。学习的演化理论认为，大脑是以模式认知为基础的，思想只有在享有某种内聚力，并且与我们所持有的规范相差不太远的时候，才会被接受。模式匹配是我们感知、记忆和理解的方式。这是我们运用类比和概括能力的关键。这种能力不仅使我们善于模拟"现实"，而且善于在真实的不确定性面前构造理论（第 26 页）。

人们利用心智模型进行认知和学习，在学习过程中心智模型又不断地调整和重组，形成更为抽象的连续形式，也就是不断地进行概括和一般化，从而使之能够处理其他类似的信息。这种模型化的、相对稳定的认知构成个体的信念。这个从特殊到一般的概括能力和类比能力，既是人的创造性思维的来源，也支撑着人们的信念体系。信念是人类行为和经济变迁的出发点。

群体的共同感知和相同的信念体系形成社会的文化，它包括行为规范、价值观和人际传递的思想等。"虽然每个个体的学习过程各不相同，但是一个共同的制度/教育结构将会导致共同的信念和感知。因此，一个共同的文化遗产提供了一种减少人们在社会中拥有的不同的心智模型的方式，构建了一种代际之间传递共同感知的途径。"（第26页）而且人类认知并不只是受到文化和社会的影响，它本身就是一个文化和社会过程（第31页）。文化的基本要素始自语言，语言的分类和词汇反映了社会累积的经验。语义甚至支撑特定种类思维的文化系统都具有积累性，符号环境能够影响大脑配置资源的方式。文化是一个适应过程，它是社会过去经验的累积。诺斯转述哈耶克的话说，文化是"及时地传输人类积累的知识的机器"（第48页）。经过许多代的文化传递，一个民族能够学到很多单个人一生都无法学到的东西（第47页）。

第二个问题，人类的意向性，即个体和社会的价值取向和目标是如何形成的，它是如何处理面临的问题，为什么会形成误解，怎样才能获得正确的认识。考虑人的意向性就要把时间因素纳入理论分析之中。诺斯认为，新古典经济学范式存在三个缺陷：假定经济无摩擦；不考虑时间因素的作用，是静态的；没有考虑人的意向性。因此它只适合完全竞争的市场环境，而人类社会历史的大多数情况都不具备这样的条件。演化经济学是拿生物演化与经济演化进行类比，但是诺斯指出经济演化和生物进化有着重要的区别：第一，社会经济中没有类似生物的基因突变和性别重组来实现演化的机制；第二，经济演化中包含人们的主观信念对社会发展目标的选择，因此和生物演化中的优胜劣汰机制并不相同。诺斯主要借鉴了哈耶克等人关于文化演化的理论，其中的关键是解释了人类的集体学习过程。因为这里所说的人类的意向性，并不是单个个体的价值观念和目标，也不是每日每时日常决策中的想法，而是人类关于社会的未来和规范的信念体系，它引导和决定社会在重大问题和转折关头的选择。

诺斯此书的一个核心概念是"人类搭建的支撑结构"，简称"人造结构"或"支撑结构"。人造结构的概念是由哈钦斯和黑兹尔赫斯提出来的，实际上是指社会的文化。它包括社会的信念、制度、手段、工具、技术等（第33页）。在人造结构中，信念体系是内在表现，制度是这种内在表现的外在显示（第47页）。由于文化环境"是过去几代人所学到的东西，它作为文化传递到当前几代人的信念结构中。尽管一个社会的正式规则能反映这种文化遗

传，根植于行为规范、习俗和自愿遵守的行为准则之中的
非正式约束是这个人造结构最重要的'载体'"（第48
页）。诺斯认为，人造结构有两方面的功能：一方面，它
提供了一个个体短期博弈的框架，塑造了个体选择的方
式，因此扩大了常规决策的范围，减少了某段时间内决策
的不确定性；另一方面，它决定一个社会对待试验和创新
的态度，对社会面临新情况时的选择具有决定性的影响，
因而提供了认识和理解一个社会随着时间推移在动态过程
中成败的线索（第33~34页）。

人类的历史表明，在面对无处不在的不确定性时人
类很容易犯错误。首先，这是因为人的认识中包含发展
了的想象力，例如体现在迷信、神话、教条和宗教之中
的认识，这并不是真实的世界；其次，由人的意向性构
建起来的制度和人造结构，限制着人类的选择方向和范
围。社会不能做出正确选择而导致失败的根本原因是，
当面临全新情况时，过去积累的经验和信念中没有可以
对新证据做出正确评估的现成知识，不能为未来决策提
供正确的指导，而社会也不能正确地理解所面临的问题
的真实性质。占优势地位的组织也可能将必要的变革看

成对自己生存的威胁，从而加以阻挠。

第三个问题，实现成功的长期经济增长的制度结构的特征是怎样的。人造结构的内容非常广泛，大体等同于文化背景，但是诺斯只集中研究了其中制度的作用。通过梳理分析可以看出，诺斯认为制度具有三种功能：一是确定社会的组织和权力结构，决定谁是关键行为人，谁的信念起主导作用，谁有权进行决策，从而提供了一个个体之间进行博弈的框架；二是确定了社会经济和政治的博弈规则，也就是个体行为的选择集；三是为行为人提供了正的和负的激励，使个体有动力做或不做某些事情，它是社会经济发展的直接动力。

诺斯认为，经济增长是人口的数量和质量、知识特别是自然科学和技术、制度三者相互作用的共同结果。西方世界在 10～18 世纪从相对落后的地区崛起为世界霸主，实现了工业革命，成功地实现了长期经济增长，特别是美国至今仍然是知识创新和经济变迁的领跑者，使西方社会的其他地区相形见绌。这个过程的核心是创造了一种能够将分散的知识整合并有效利用的结构。随着市场的发展，专业化程度不断提高，参与交换的个人的专业化知识的增长是以通用知识的减少为代价的。通用知识的损失必须通过交换来补偿。对于个人来说，只有当通过交换获得的更广泛的多样性知识能够完全补偿专业化导致的不确定性并且有余时，实行专业化和交换才是有利的。而要降低市场交换的不确定性则需要一系列复杂的制度安排，除了价格机制以外，信用、保险、担保、标准、法制、商标和商誉等都是例证。由于每一种产品和要素市场的效率特征各不相同，特别是随着时间的推移，维持其市场效率的条件也会变化，因此需要一种能够对环境变化做出成功的适应性调整的制度结构。诺斯认为，西方世界尤其是美国的成功，关键就在于建立了一种具有适应性效率的制度结构。

二　诺斯理论的两个假定前提

任何理论研究都是建立在一定的假定前提基础上的。诺斯此书在经济学的稀缺性假定和斯密关于交换是人类的一种本性的假定之上，又设立了两个前提假定：第一，人类环境的不确定性；第二，人类为减少不确定性和控制环境，也就是建立秩序的努力无所不在。

关于第一个假定，人类环境的不确定性。诺斯认为，正统经济学那些优美的数学模型研究的都是确定性状态，"好像不确定性是一种不同寻常的状态"，"但是，不确定性并不是一种不同寻常的状态；它一直是形成整个历史和史前的人类组织的结构演化的潜在条件"（第14页）。首先，自新石器时代以来的人类社会是非各态历经的，是一个不断变化、创新和不重复的历史过程，也就是说，人类总在经历"史无前例的新时代"，这是一个不断涌现新奇现象、面临新问题的不可逆的动态过程，而不是新古典一般均衡理论中的静态世界。其次，人的认知能力有限。人们努力认识世界，但是人们的认知并不完美，而是有缺陷的，甚至是错误的。在人类历史上，误解远远要多于正确的理解。人类社会是非各态历经的，所谓各态历经就是一个没有历史的可重复世界，非各态历经就是一个不可复制的历史过程。经济学的理性假定是一种完美感知假定。把人的感知分为完美和不完美两个类型，并与环境的不确定性状态联系起来，可形成6种可能的世界组合：①完美感知与静态世界；②完美感知与各态历经世界；③完美感知与非各态历经世界；④不完美感知与静态世界；⑤不完美感知与各态历经世界；⑥不完美感知与非各态历经世界。其中，只有在第 1 种组合的世界中，随着时间的推移，不断重复将有可能消除不确定性，在其他 5 种组合的世界中，都将存在不确定性。在第 3 种组合的世界中，由于总会有新的不确定性产生，即使个人的感知是完美的，随着时间的推移，知识也会因陈旧而贬值。在第 4 种和第 5 种组合的世界里，不确定性是知识和制度的函数。第 6 种组合的世界是人类真正的挑战，因为在非各态历经世界里，制度即使曾经是最优的，也会随着时间的推移因环境变化而远离最优状态（第 20 ~ 21 页）。

人类社会环境最重要的变化是什么呢？诺斯认为，是从应对物理环境的不确定性向应对人类构建的人文环境的不确定性的转变（第 41 页）。大约 400 万年前人类从其他灵长类动物中分化出来，一直到新石器革命以前，人类都是在从事狩猎和采集活动，自然环境的差异对人类发展模式的不同起着决定性的作用。但是到了近代，随着科学知识在生产中的系统应用、对传染病的征服和空调装置的发展，物理环境不再继续扮演关键的角色。

而人类自己构建的人文环境，特别是从文字到现代计算机的外部存储源的发展，则发挥着越来越重要的作用，并且从近代开始取代了物理环境的关键地位（第79页）。导致物理环境不确定性下降的制度变迁创造了更加复杂的社会环境，但是它又进一步产生了一系列全新的不确定性（第19页）。

关于第二个假定，人类为使自身的环境易于理解，也就是为了减少不确定性而做的努力无所不在（第5页）。这或许源于人类的基因。为了减少人类相互作用过程中的不确定性，人类试图通过自己对世界的理解来控制环境，也就是建立一套人造结构以便形成社会秩序。无序会增加不确定性，秩序可以减少不确定性，因此秩序本身就是人类追求的一种价值。秩序是由个体成员的服从实现的，统一的意识形态可以极大地降低维持秩序的成本，但是它要求个人顺从，限制和惩罚对常规的偏离，这又会阻碍制度变革，成为偏狭以及与其他文明无休止的竞争冲突的根源。"顺从在不确定性世界中的成本很高。在长期内，当人类在一个非各态历经的世界中面临崭新的挑战，需要创新的制度革新的时候，由于没有人知道生存的正确路径，此时顺从就会产生停滞和衰退。"（第40页）也就是说，人类控制环境的努力，自身建立起来的文化和制度等结构，既是人类演化进步的动力，也是停滞和衰退的根源。总之，人类社会面临的问题的新颖程度，以及社会成员的心智模式和社会结构的创新能力，共同决定社会的生存和发展。

三 适应性效率：推动长期经济增长的制度结构的性质和特征

在这两个假定前提和对上述三个问题进行分析的基础上，诺斯建立了他对人类经济变迁过程的理论解释。诺斯此书中的经济变迁是指"人类拥有的物质财富的变化"（第71页），也就是经济增长或衰退、发展或停滞，总之，是从长期来看的经济变动或者演化。

经济学认为，专业化和分工是经济演化的动力源泉，诺斯则是从人类环境演化的角度切入进行分析。对物理环境的不断征服是人类演化的基本特征。对物理环境的征服减少或消除了人类不确定性的传统根源，但与此同时，不断发展的人文环境带来了新的不确定性，对人类福祉甚至生存提出了新的挑战。在近代之前的几千年乃至几百万年里，人类的文化和制度主要是围绕着应对物理环境的不确定性而构建的，而西方近代以来特别是美国社会的文化和制度则主要是为了应对人文环境的不确定性。"作为前一种社会特征的集体主义文化信念产生了适于人格化交换的制度，其内聚力和结构是围绕着紧密的个人纽带建立的；与之相比，在对新的人类环境做出反应中演化而成的个人主义框架却更少地依赖于个人纽带，而更多地依赖于规则和实施机制。"（第90页）对比西方世界的崛起和其他地区以及历史上的其他经济体的停滞、短暂的和不稳定的经济增长以及衰退，一个最显著的变化是从人格化交换向非人格化交换的转变，"而非人格化交换制度正是美国经济长期增长的基础"（第100页）。

　　西方社会和美国为什么会出现适于非人格化交换的制度呢？诺斯认为，关键是它们在向近代演化的过程中形成了一种具有适应性效率的制度结构。诺斯在1990年出版的《制度、制度变迁与经济绩效》一书中首次提出适应性效率的概念，用于描述促进和适应长期经济增长趋势的制度结构的特征。它是指一个良好的制度结构，在面对全新的环境和条件时，具有"对存量进行弹性的调整和制度演化以有效处理改变的现实的能力"。① 由于它能够处理个人和社会面临的新奇经历，也能够很好地解决新的两难问题，也就是说具有适应不确定性的能力，因此具有长期增长的趋势（第 64 页）。这就是说，诺斯是用适应性效率这一概念来反映能够推动长期经济增长的制度结构的性质和特征，因此，适应性效率是诺斯用来衡量制度效率的理论标准。②

诺斯从两个方面分析了适应性效率的极端重要性。一个方面是社会的秩序与无序之间的矛盾。秩序是长期经济增长的必要（但非充分）条件（第 93 页），但是经济变迁本身就是无序的滋生地，因为它引起了绝对和相对收入的变化、经济地位的变化、个人和集团在社会中的保障的变化（第 92 页）。无论是危机，还是增量变化的累积，都会引起社会经济变迁。社会是否能够经受得

---

① 诺斯：《理解经济变迁过程》，《经济社会体制比较》2004 年第 1 期。
② 王玉海（2007）对诺斯的适应性效率和经济学中其他的效率标准，如帕累托标准、交易费用、一致同意标准和生产力标准进行了分析和比较。巫威威（2008）、王婷婷（2010）、张富田（2013）又对此做了进一步的分析论证。

住经济增长和其他内外变化的冲击，长期维持秩序或者
在经历激进变革之后迅速重建秩序，对于一个社会的生
存和发展来说至关重要。诺斯对美国和拉丁美洲，以及
西方世界的兴起和苏联兴衰的过程进行了对比分析，说
明秩序和无序的根源都存在于社会自身的制度结构中。
非人格化交换的制度结构具有适应性效率，它不仅能够
维持长期稳定，而且在经历巨大的冲击之后能够迅速重
建社会秩序；反之，没有这种制度传统的社会很难长期
维护其秩序。另一个方面是稳定和变革之间的矛盾。尽
管在持续变化的世界中，每个社会都会受到各种不同的
危机的困扰，但是具有适应性效率的制度结构因为能够
灵活地做出调整，从而能够正确地应对前所未遇的挑战，
因此在经济变迁的过程中存活了下来并继续保持活力；
反之，一个刻板僵化的社会在根本性变革过程中其实是
很脆弱的。诺斯采用适应性效率这一术语，本身就是要
表明在历史发展的每一个不同时期，对于每一个不同的
经济体来说，具有适应性效率的制度结构的具体状态是
各不相同的，尽管它们具有一些共同的性质和特征。

如何才能获得适应性效率，或者说具有适应性效率

的制度结构是如何被发现和创造出来的呢？诺斯列出了以下三个大的方面。第一，由社会文化决定的关键参与人的根本信念。社会以参与者的信念为基础。为了达到某种政治目的而建立的制度框架是结果偏离意愿的重要源泉，这反映了目的和结果之间存在一个由"错误"信念造成的差距。因此社会的文化观念需要鼓励和允许进行试验，纠正错误，从而在面对非各态历经世界中普遍存在的不确定性时，能够灵活地尝试各种选择，以处理随着时间推移而不断出现的新问题。第二，一个竞争性的、分散决策的制度结构。多样的制度和组织有利于不同政策的试验，要保持那些允许试错的制度，而且需要有效的方法消除不成功的做法（第146页）。西方世界兴起过程中各民族国家彼此独立又互相竞争的政治经济制度、现代发达国家的市场经济体制、成熟的民主政治制度，都是这方面成功的实例。而大一统的古代中国和伊斯兰世界的衰落，特别是苏联的解体，则提供了对立面的代表。这反映出自由如同财产安全一样，对于经济增长是必不可少的。第三，一个能够对生产者进行激励的可行的政治体制。"经济运行中的正式规则是由政治制度定义和保证实施的，因此政治体制是决定经济绩效的基本因素。"（第53页）对此，诺斯提出了四个命题：第一，社会的共享信念明确了政权合法性来源及其目的与公民权利的关系；第二，实际发挥效力的宪法确立了公民权利和对政府行为的有效约束；第三，界定明确和清晰的产权制度；第四，国家对公民权利和产权保护的承诺是可信的，官员的机会主义行为能够得到有效控制（第96页）。

由此可以得出结论，获得适应性效率的机制是竞争，"竞争是制度变迁的关键"（第55页）。一方面，竞争给分散的试错行为提供了一个有效的评价机制；另一方面，竞争又以无情的压力使创新迅速扩散。特别是国家之间的竞争，限制了统治者的选择集，是推动制度变迁的一个潜在根源。

诺斯认为具有适应性效率的制度体系，不可能在短期内建立起来。① 这是因为，社会文化和制度的变迁都具

---

① 诺斯认为，适应性效率需要一套能够迅速适应冲击、扰动和普遍不确定性的制度体系。"但是我必须声明，我们不知道如何在短期内创造这些条件。"（第71页）

有路径依赖的性质。不仅既得利益组织会努力阻止那些它们认为会给其带来负面效应的变革，而且过去的历史经验会对现在的选择集施加一定的约束。通过学习过程，我们今天的制度和文化限定了未来的选择，"任何时候，文化遗产都严格限制了人类实现变迁的能力"（第141页），因此制度变迁是一个长期演化的过程，任何一蹴而就的想法都是不现实的。

四　诺斯理论的逻辑思路和不足

诺斯这本书，不仅是对新制度经济学的"一种极大的拓展"，而且试图跨越和融合多种不同的社会科学，建立一个贯穿整个人类历史、涵盖各种极不相同经济体的经济变迁的理论框架。诺斯将经济变迁的过程抽象概括为"可感知的现实——信念——制度——政策——改变了的可感知的现实"这样一个循环往复的过程。一个社会在长期演化过程中谋求经济增长的努力，其成败的关键在于：第一，社会持有的信念在可感知的现实变化时进行反馈和修正的方式；第二，制度结构是否具有适应性效率，即当出现非预期的结果时，制度对新变化做出反应的灵敏程度，以及是否能够顺利地消除正式制度的失灵（第4页）。诺斯的这个理论框架气势恢宏，极富启发性，但是毕竟只是一个概念性的框架，因此显得粗糙，存在疏漏，有一些问题需要进一步探讨。

具体来说，第一，个体认知与社会集体认知的关系问题。诺斯对文化和信念的研究是利用认知科学的成果，从个体认知和心智模型出发的，但是决定经济变迁的文化和主导的信念体系是社会集体认知和学习的产物。尽管诺斯提到了文化、心智和环境的相互作用，但是从个体认知到集体信念之间存在一个跳跃。需要进一步研究的问题是，个体的认知是如何被整合成为集体的知识的，以及社会进行知识整合的具体机制。第二，人类行为的理性和非理性的关系，以及个体理性或非理性与集体理性或非理性之间的关系问题。诺斯借助行为经济学和心理学的最近成果，对新古典及其理性行为假定进行了抨击，强调了非理性在社会选择中发挥的作用。但是迄今为止，行为经济学的实验研究都只是针对一些特定的场合，具有补偏救弊的性质，并不是对人类决策行为的全面研究。从人类社会的演化过程来看，尽管非理性行为普遍和广泛存在，但总的趋势是人类力求提高自己的理性水平，科学理论的发展及其广泛应用就是一个明证。即使在一些非理性主导的社会中，个体的顺从也不能完全视为非理性行为。众所周知的囚徒博弈，就是一个关于个体理性与集体非理性的理论模型。因此，理性和非理性的关系，特别是个体的理性或非理性与集体的理性或非理性的关系，还需要进行更加深入的研究。第三，诺斯本书提出和使用的一些概念还缺乏准确严格的界定，例如人造结构、文化和制度，知识、理论和信念，制度、组织和技术这三组概念的界限就是模糊的，不仅在不同场合的含义有差别，而且存在相互重叠和交叉甚至矛盾的情况。

（本文发表于《中国经济问题》2014 年第 1 期）

附录Ⅳ 经济体制效率评价理论评述

内容提要： 帕累托最优是资源配置的静态效率的精确标准，但是与体制不相关。交易费用是微观的制度效率分析工具，但受分工水平的前提制约并且是不准确的。生产力是分析历史动态演化的概念，但并不严格清晰，且内含先进性和适应性二重标准的矛盾。经济体制效率分析是一种不成熟的理论尝试。适应性效率反映的是具有按照效率原则进行自我调整能力的体制的性质和特征，而不是效率水平。

关　键　词： 经济体制效率评价　帕累托最优　交易

费用　生产力　适应性效率　经济体制效率分析

　　效率是经济学追求的终极价值。任何经济活动都是在具体的经济体制中进行的。经济体制作为经济活动实现的社会形式，对经济效率具有一定的决定作用，因此经济体制的效率自然受到理论研究的关注。迄今为止，经济学已经至少发展出了帕累托最优、交易费用、生产力、适应性效率以及经济体制效率分析等五种以上的概念和标准来评价经济体制的效率。而这五种效率概念和标准，分别遵循不同的理论范式，是五种不同的经济体制效率评价方法。为了更深刻地理解经济体制效率评价的问题，准确地把握这一理论发展的现状，本文拟对这五种经济体制效率评价标准分别进行分析和评论。

一　概念澄清和辨析：讨论问题的前提

　　为了便于本文主题的讨论，避免概念上的混淆，需要对几个前提性的概念进行澄清。首先需要澄清的是制度有效和制度有效率两个概念。制度有效，或者说制度的有效性，包含三个层次的含义：第一个层次是指制度具有可行性，也就是指制度可操作、可执行；① 第二个层次是制度的合目的性，这是针对制度制定者而言的制度有效性；第三个层次是指制度有效率。后两个层次的含义必须以第一个层次为基础，但是它们两者之间并没有必然的联系。

其次，制度本身的效率和制度对经济活动效率的作用不是一回事。制度本身的效率取决于制度选择和制度运行的费用与收益的对比，在很多情况下，它是指第二个层次而不是指第三个层次的制度有效。第三个层次的制度有效，是指制度对经济效率的作用，实际上是制度的功能。制度发挥功能的结果，即其对社会经济效率的影响，既可能是正面的，也可能是负面的。当制度的作用方向与社会经济运动方向一致时，制度本身越有效率，社会经济就越有效率，反之亦然。例如，在通往市场的路口设卡收费，当费率超过为交易者提供的服务价值时，收费制度的效率越高，对经济效率的伤害就越大。社会

---

① 不可执行的制度，也就是一种非均衡的制度，仍然是制度。内生的制度必然是可执行的均衡制度，而外生的制度未必可执行，因而会产生非均衡的制度。但即使是不可执行的制度，一旦制定出来并且颁布就会对人们的行为方式产生某种实际的微妙影响，并不完全就是一纸空文。

经济的效率是资源禀赋、技术和制度三者共同作用的结果，其中任何一个因素的作用都不能完全分离出来单独衡量，因此制度的效率无法直接度量，只能通过其功能即对社会经济效率的影响间接地表现出来的。经济活动的成果[①]——效率或经济增长速度就是反映经济体制效率的间接指标。

最后，人们通常所说的制度效率，一般来说应当是指体制的效率或经济绩效。因为一般来说，制度总是成组、成套地耦合在一起，其中有的制度安排相互补充、配合和增强，有的制度安排相互制约、平衡，从而形成一个完整协调的系统，这样才能有效地发挥作用，单项制度安排往往难以独立起作用。[②] 正因为如此，一般不可

[①] 刘世锦对用经济成果评价体制效率的观点提出了批评。他认为可以把经济体制的运行看成一个相对独立的投入产出过程，通过对投入产出的比较说明经济体制的效率，并给出了经济体制效率公式（刘世锦：《经济体制效率分析导论》，上海三联书店，1993，第60～66页）。但是，刘世锦对采用经济成果评价体制效率的方法的批评并不是支持独立度量经济体制效率的理由，更重要的是，他没有对"由于采用某种经济体制而增加的收益"和"该体制运行所花费的成本"是否能从社会经济活动的成果中分离出来做任何解释。他的立论还缺乏必要的根据。

[②] "任何制度都不是单独发挥作用的，所有收益的形成都是多种因素综合作用的结果。"黄少安：《关于制度变迁的三个假说及其验证》，《中国社会科学》2000年第4期，第38页。

能对某一项制度的经济效率孤立地进行考察，社会经济效率和经济增长反映的是整个经济体制的总体效率。我们对于经济体制效率评价理论的讨论就着眼于这种总效率。

二 帕累托最优标准及其局限性

帕累托最优是新古典理论确立以来主流经济学评价经济活动效率的经典标准。帕累托最优是指这样一种状态，在这种状态下，如果不减少其他人的效用，生产和分配的重新组织就不可能增加某个人或更多人的效用。这显然是资源配置达到的一种理想状态，因而成为判断一个经济是否有效率的标准。将帕累托最优作为评价经济体制效率的标准，就是指在资源和消费者偏好既定的条件下，经济状态与帕累托最优的距离远近反映着经济体制的效率水平，与帕累托最优相对应的经济体制就是最有效率的经济体制。从形式上看，帕累托最优确实为评价经济体制效率提供了一个单一而精确的尺度。但是问题在于，帕累托最优点不是一个，而是许多个，与不同最优点对应的经济体制的性质可能截然不同，其中的优劣判断是新古典理论无法解决的。原因在于帕累托效率实际上采取了零交易费用的假定，没有考虑经济体制的运行费用。在这种条件下，只要给定经济体制前提，任何一种类型的经济体制，都有与之对应的帕累托最优状态，因此也就无法比较和评价不同体制经济效率水平的高低了。

人们借助"帕累托改进"的概念来表征理想的经济体制改革。所谓"帕累托改进"，是指不减少其他人的效用，而使某个人或更多人的效用增加的情况。如果一个经济处在生产可能性边界或者社会总效用曲线之内的某一点上，这时经济状态向着生产可能性边界或者社会总效用曲线方向上任何一点移动，都可以认为实现了"帕累托改进"。面对新的潜在机会，人们要想抓住这种机会就需要对行为方式做出调整。这种行为方式的调整可以分为两类：一类是在体制框架内进行的调整，这时或许需要改变某些制度安排，但是不需要改变重大的和基本的制度，因此不会改变体制模式；另一类是必须超越现有体制框架的调整，这就需要突破和改变现有的体制结构，因此只能通过体制改革来实现。所谓"帕累托改进"

实际上是在既定体制框架内的局部调整，并不是真正的体制改革。因为一旦改变体制结构，相应的帕累托最优的位置就会发生变化。显然，对于体制模式及其转型来说，帕累托最优并不是一个恰当的评价标准。帕累托效率在事实上是一种体制不相关的理论。[①] 由于没有考虑体制的作用，帕累托最优仅是一种静态的资源配置效率。

三 交易费用标准及其缺失的前提

交易费用是新制度经济学的两个基础性概念之一。交易费用的高低是新制度经济学评价经济体制效率的理论标准。新制度经济学把交易作为理论分析的基本单位，认为交易活动和生产活动一样是有成本的，不同的交易——社会经济组织劳动分工的不同方式，例如企业和市场，具有不同的交易费用。社会经济各种复杂的制度安排，就是人们为了降低交易费用进行比较和选择的结果。虽然交易费用并没有一个清晰、严格、统一的定义，但是已经发展成为新制度经济学的基础性概念，得到了

---

① 许成钢：《经济学、经济学家与经济学教育》，载吴敬琏主编《比较》（第1辑），中信出版社，2002，第7页。

广泛的应用。这就是用交易费用的大小来评价制度的效率，解释制度变迁的动因。

经济体制是交易赖以进行的社会形式，它包括一系列经济组织、人们遵循的关系规范和行为规则，用体制成本的概念来替代交易费用的概念并没有产生实质性问题，而体制成本概念更加明确和更具一般性。借用体制成本的概念来观察，新制度经济学家用交易费用来衡量经济体制的效率，存在的问题是交易活动引起的收益，即交易收益未能得到独立的表达。而效率总是效用和费用对比的结果。他们往往以交易费用或者交易费用及生产费用之和（即总费用）与总产出的比率来说明经济体制效率的高低，而不仅仅用交易收益与交易费用进行比较。这样来说明经济体制的效率是不准确的。①

诚如刘世锦所指出的，交易费用经济学是以合约关系为中心而形成的分析工具，并未达到足够的一般化水平，在分析显性的市场合约关系发展不足，因而导致其他方面的交易费用很大的计划经济体制时，存在较大的

---

① 刘世锦：《经济体制效率分析导论》，上海三联书店，1993，第 61 ~ 62 页。

局限性。深层原因则是，交易费用概念中存在一个交易总量和单位交易的费用反向运动的问题。根据交易费用理论，一方面，制度是为了降低交易费用而产生和演化的，因此交易费用会随着制度的发达和经济发展而降低；但是另一方面，分工是社会经济发展的根本原因，交易费用本质上是由于社会的劳动分工而产生的协调费用，因此会随着分工的深化和制度的发达而不断增大。诺斯在他的研究中已经指出，制度演化追求的并不是交易费用绝对量或者总量的最低，而是相对量或者单位量的下降。这在事实上就给用交易费用评价经济体制效率设置了一个先决条件，即社会经济的分工水平。只有在分工水平相同的条件下，对不同的体制进行交易费用的比较才有意义，对处在不同分工水平的经济体来说，交易费用失去了其作为体制效率评价标准的价值。[1]

四　生产力标准及其逻辑矛盾

中国学者普遍熟悉的马克思主义经济学以生产力为

---

[1]　刘元春：《交易费用分析框架的政治经济学批判》，经济科学出版社，2001，第 97 ~ 99 页。

评价经济体制效率的标准。马克思主义的理论基础是一个关于人类社会发展的宏大的结构分析体系。在这个体系里，整个社会结构分为经济基础和上层建筑，经济结构分为生产力和生产关系，其中生产力决定生产关系，经济基础决定上层建筑，生产关系对生产力、上层建筑对经济基础也有反作用。社会发展的基本规律是生产关系一定要适应生产力，上层建筑一定要适应经济基础。人类社会发展的历史就是生产力发展的历史，在不同性质的生产力的基础上形成的社会的性质是不同的。生产力不仅是马克思主义理论的基础性概念，而且是分析社会性质、历史发展和经济体制优劣的出发点。因此，可以根据生产力发展水平的高低来判断社会制度的先进或落后，根据经济体制对生产力的适应程度，即其促进经济增长速度的程度，来判断其效率高低。

但是，生产力是一个哲学概念，其含义既抽象，又丰富，因而并不确切、严格。就生产力概念的内涵而言，其到底是指社会拥有的生产能力，还是社会生产所达到的水平，即生产的结果？生产力的构成究竟包含两个要素，还是三个要素？对上述问题，马克思主义者之间存在长期的争论，没有形成统一的认识。至于生产力作为生产关系应当适应的对象，是指生产力的性质，还是生产力的水平，在相关研究中也是模糊不清的。举例来说，对于中国农村实行的土地家庭承包制改革，主流的解释是家庭经营方式适应了当时中国农业比较落后的生产力发展水平，然而实际的情况是，无论生产力水平是高还是低，无论是传统农业还是现代农业，家庭经营对于农业生产都具有普遍的适应性。那么这里的生产力，究竟是指一个特定行业的性质，还是技术水平的高低呢？在马克思主义经济学的范围内似乎得不出清晰的答案。因而有论者认为，生产力和生产关系、生产方式等概念，只是抽象的哲学范畴，而不是经济学的分析工具。[①]

更重要的是，将生产力作为评价经济体制效率的标准，内含一个先进性标准和适应性标准二重标准的逻辑矛盾。因为生产力水平的先进或落后是一个客观的标准。其一，与先进生产力相联系的生产关系就是先进的经济体制；反之，与落后生产力相联系的生产关系就是落后

---

① 张曙光：《制度·主体·行为——传统社会主义经济学反思》，中国财政经济出版社，1999，第 31 页。

的经济体制。这可以称为生产力评价的先进性标准。其二，最适应生产力的生产关系最能促进经济发展，因此经济增长速度越快的经济体制效率越高、越先进；反之，经济增长速度越慢甚至停滞或为负的经济体制效率越低、越落后。这可以称为生产力评价的适应性标准。虽然这两个标准分别单独使用时似乎都很合理，但是一旦放在一起比较就会出现矛盾。例如，一个发展中国家 A 和一个发达国家 B，虽然两国之间的经济发展水平差距巨大，即 A 国的生产力落后，B 国的生产力先进，但是 A 国的经济年均增长率远高于 B 国，比如 A 国是 8%，B 国是 2%。那么，这时按照生产力标准 A 和 B 究竟哪一国的经济体制效率更高、更先进呢？根据先进性标准和适应性标准会得出完全相反的结论。

五 经济体制效率分析的理论勇气及其缺陷

经济体制效率分析是中国学者刘世锦提出来的。刘世锦在《经济体制效率分析导论》一书中采用功能结构分析方法，将经济体制的功能分解为激励、配置、保险、约束四种功能，分析实现这些功能的体制组织及其结构，从而引出经济体制效率及其结构。该书提出了"体制收益"和"体制效率"的概念，以体制效率解释了几种典型的体制组织，以及各种体制组织的结合模式存在和选择的逻辑，这就是作者提出的交易技术结构与体制结构相容的原理，而交易技术结构与体制结构是否相容是体制效率水平的决定因素。

刘世锦对体制效率度量的尝试无疑表现出了很大的理论勇气。因为体制收益是通过经济活动的总收益 TR 表现出来的，如何将体制或者交易活动的收益 SR 与生产活动的收益 PR 分离开或者排除其影响，就是这种度量方法的关键。为此，他提出了三种不同的度量方法：①比较采取某种体制与假定的"无体制"状态的收益差额；②比较同一对象采取两种不同的体制的相对收益；③比较体制变动的边际收益和边际成本，从而得出体制变动的边际效率。但是，第一种方法中的 PR 很难估计；第二种方法的缺陷是在体制变动时并不能控制体制成本保持不变；第三种方法虽然不能反映全部体制的效率，但是能够对体制变动的合理性做出科学的判定。刘世锦着力构造的是一个经济体制效率结构分析方法，即将经济体制中具有特定功能的部分定义为体制的分类组织，用分类效率分别考察体制分类组织的效率。① 这一方法的关键，是要清楚地了解各个分类组织之间相互关联的方式，以及各个分类效率之间的关系，因为体制效率并不是各分类效率的简单加总，而是"以某种总和形式表达的效率"（第114页），然而这又是一个要"依具体情况具体分析的问题"（第64页）。这种主要适用于对经济体制做"微观、具体"（第69页）分析的方法，并不能直接用来衡量体制的宏观效率。

需要指出的是，刘世锦在分析经济体制效率的过程中，其体制的含义是模糊不清的。就其理论内容的构成来看，他所研究的实际上是经济组织，但究竟是社会经济层面还是企业层面的组织则并不明确；从其分析的重点即体制组织形态及其结合模式来看，其实是指企业的配套方式，因为他所指的各种体制组织模式实际上是企业对专业化生产是在企业内部配套还是在外部配套，是用行政方式配套还是用市场交易方式配套，是本地配套

---

① 刘世锦：《经济体制效率分析导论》，上海三联书店，1993。本段下文对此书的引证只在文中括号中注出页码。

还是异地配套的选择。特别是他对体制与产权的关系的处理让人费解。他"把体制组织形式看成是产权结构中的一个部分"（第166页），在突出产权重要性的同时，却在某种意义上否定体制效率分析在理论中的地位。

六　适应性效率的性质和特征

适应性效率是诺斯提出来的一个概念。在1990年出版的《制度、制度变迁与经济绩效》一书中，诺斯首次提出了适应性效率的概念，并且在此后的一系列论著中都使用和论及了适应性效率。[①] 诺斯的理论研究经历了一个思想取向的重大转变。由于受到马克思主义的影响，并且主要接受新古典经济学的理论训练，诺斯早期的制度变迁理论是典型的构建理性主义的理论范式，而在后来的研究中显然是受到了哈耶克自发的扩展秩序观念的启发，逐步转变到了制度演化主义。适应性效率概念的

---

① 这主要包括《历时经济绩效》（《经济译文》1994年第6期）、《制度变迁理论纲要》（《改革》1995年第3期）、《新制度经济学及其发展》（《经济社会体制比较》2002年第5期）、《制度变迁与经济增长》（盛洪主编《现代制度经济学》上卷，北京大学出版社，2003）、《理解经济变迁过程》（《经济社会体制比较》2004年第1期）等文献。

提出，反映着他的这种思想取向转变的过程。尽管在十多年的时间里，诺斯在很多论著中都提到过适应性效率，但是没有集中地分析和详细论述，其含义还不是很容易把握。直到《理解经济变迁过程》（2005）一书出版，诺斯才在实际上提出了一个全新的人类社会经济演化理论的研究纲领，适应性效率的含义以及在其理论体系中的地位才得以全面充分地展现出来。

诺斯认为，人类社会最基本的特征是环境的不确定性和人类为了减少不确定性而控制环境，也就是建立秩序的努力。为此，每个社会都建立了一整套包括知识技术、文化和制度在内的人造的支撑结构。正是这套人造结构引导着社会的行为，并且决定哪些社会主体的选择起着决定性作用。近代西方世界尤其是美国能够从传统社会中脱颖而出，成为全世界的领跑者，关键是发展出了能够应对从人格化交换转到非人格化交换的文化和制度结构。非人格化交换主要依靠规则和制度，适于个人的分散决策行为，能够有效地利用分散的、个人的隐性知识，因此有很大的创造性和活力，这就是一种具有适应性效率的制度结构。[①]

人类社会的人造结构即文化和制度等存在秩序与无序、稳定与变革两对基本的矛盾。适应性效率是解决这两对矛盾的金钥匙。因为秩序是长期经济增长的必要（但非充分）条件，但是经济增长带来的变迁本身就是滋生无序的根源。社会是否经受得住经济增长和其他内外变化的冲击，实现长治久安，或者在经历激进变革之后迅速重建秩序，对于一个社会的生存和发展来说至关重要。非人格化交换的制度结构具有适应性效率，它不仅能够维持长期稳定，而且在经历巨大的冲击之后能够迅速重建社会秩序；反之，没有这种制度传统的社会很难长期维护其稳定。

可见，诺斯所谓适应性效率的含义，是指一个良好的制度结构，它能够处理个人和社会面临的新奇经历，也能够很好地解决新的两难问题，具有适应不确定性的能力，从而具有长期增长的趋势。[②] 诺斯的"制度结构"就是整个制度系统。这就是说，具有或者没有适应性效率的主

---

① 道格拉斯·诺斯：《理解经济变迁过程》，钟正生、邢华译，中国人民大学出版社，2008。

② 道格拉斯·诺斯：《理解经济变迁过程》，钟正生、邢华译，中国人民大学出版社，2008，第64页。

体，不是一般意义上泛指的制度，也不是某项单一的制度安排，而是指一个社会的经济体制。对于作为适应对象的客体，诺斯自始至终反复强调的就是不确定性。"因为在一个一切都不确定的世界里，没人知道我们所面临的问题的正确答案"①，"关键则是要有一个灵活的制度机制，它能够根据技术的发展、人口的变化以及制度的震荡来进行调整"②，而"成功的政治经济体制演化出灵活的制度结构，后者能够经受住成功的进化所包括的震荡和变迁"③。因此，诺斯提出的适应性效率并不是某个具体的效率水平，而是一个动态演进的目标，是达到适应性效率的过程和规则。换言之，适应性效率实际上是从经济效率角度来看待的社会经济体制、政治体制、文化习俗等人造结构所具有的性质和特征，即一个社会体制是否具有一种按照效率原则进行自我调整的能力。因此，适应性效率是一个从宏观视角对经济体制效率进行定性描述的概念，而不是定量分析指标。

---

① 诺斯：《国家经济角色的昨天、今天与明天》，载斯蒂格利茨《政府为什么干预经济》，郑秉文译，中国物资出版社，1998，第 161～170 页。
② 诺斯：《新制度经济学及其发展》，《经济社会体制比较》2002 年第 5 期。
③ 诺斯：《时间进程中的经济成效》，《经济社会体制比较》1995 年第 5 期。

　　综上所述，尽管经济学已经发展出了五种以上不同的经济体制效率评价标准，但它们都不是对经济体制效率进行准确度量的指标，发展到今天，经济学并没有一种可以对经济体制效率进行量化测度的精确标准。

图书在版编目（CIP）数据

制度结构与中国转型模式/周冰著.—北京：社会科学
文献出版社，2015.10
ISBN 978 - 7 - 5097 - 7295 - 9

Ⅰ.①制…　Ⅱ.①周…　Ⅲ.①体制改革 - 研究 - 中国
Ⅳ.①D61

中国版本图书馆 CIP 数据核字（2015）第 063327 号

制度结构与中国转型模式

著　　者／周　冰

出 版 人／谢寿光
项目统筹／恽　薇
责任编辑／颜林柯

出　　版／社会科学文献出版社·经济与管理出版分社（010）59367226
　　　　　地址：北京市北三环中路甲 29 号院华龙大厦　邮编：100029
　　　　　网址：www.ssap.com.cn
发　　行／市场营销中心（010）59367081　59367090
　　　　　读者服务中心（010）59367028
印　　装／北京季蜂印刷有限公司

规　　格／开　本：889mm × 1194mm　1/32
　　　　　印　张：6.75　字　数：93 千字
版　　次／2015 年 10 月第 1 版　2015 年 10 月第 1 次印刷
书　　号／ISBN 978 - 7 - 5097 - 7295 - 9
定　　价／59.00 元